Regan Rajendran

# Esquema de segurança e método de agrupamento de dados em redes de sensores sem fios

Regan Rajendran

# Esquema de segurança e método de agrupamento de dados em redes de sensores sem fios

ScienciaScripts

**Imprint**



Cover image: www.ingimage.com

This book is a translation from the original published under ISBN 978-3-659-88855-7.

Publisher:
Sciencia Scripts
is a trademark of
Dodo Books Indian Ocean Ltd. and OmniScriptum S.R.L publishing group

120 High Road, East Finchley, London, N2 9ED, United Kingdom
Str. Armeneasca 28/1, office 1, Chisinau MD-2012, Republic of Moldova, Europe
Managing Directors: Ieva Konstantinova, Victoria Ursu
info@omniscriptum.com

Printed at: see last page
**ISBN: 978-620-8-54471-3**

# ÍNDICE DE CONTEÚDOS


| | |
|---|---|
| **Capítulo 1** | **4** |
| **Capítulo 2** | **8** |
| **Capítulo 3** | **13** |
| **Capítulo 4** | **17** |
| **Capítulo 5** | **24** |
| **Capítulo 6** | **30** |
| **Capítulo 7** | **40** |
| **Capítulo 8** | **47** |
| **Capítulo 9** | **53** |

**Dedicado**

**aos**

**Aos meus pais**

## Agradecimentos

Agradeço ao Todo-Poderoso a sua graça e a sua bênção, que me permitiram concluir com êxito este trabalho.

Estou muito grato aos meus queridos professores e amigos pelas suas valiosas sugestões e pelo seu amável apoio em todos os meus esforços. Estou muito grato aos nossos pais, sogros e familiares pelo seu apoio e motivação durante todo o processo de elaboração do livro.

Gostaria de exprimir a minha sincera gratidão à minha mulher, Sra. S. Sinthana Gorky, Professora Assistente, VRS College of Engineering and Technology, Villupuram, pela sua ajuda constante, encorajamento, apoio e sugestões para este trabalho.

Obrigado

Regan. R

# CAPÍTULO 1

## INTRODUÇÃO

Uma REDE DE SENSORES SEM FIO (RSSF) é uma rede baseada em múltiplos saltos que permite que os dispositivos sensores comuniquem sem qualquer infraestrutura de rede. É constituída por um grande número de pequenos nós sensores, cada um equipado com um microprocessador, uma memória, módulos de deteção, transceptores de rádio e uma bateria. As RSSF estão amplamente implantadas na monitorização do ambiente, nos cuidados de saúde, na deteção de intrusões, etc., e desempenham um papel fundamental no paradigma da Internet das Coisas (IoT). No entanto, os nós sensores têm uma carga de bateria limitada, pelo que a eficiência energética é crucial para prolongar o tempo de vida da rede das RSSF. A fim de prolongar o tempo de vida da rede, foram propostos muitos esquemas tendo em conta a eficiência energética, como o controlo de acesso aos meios (MAC) e os esquemas de encaminhamento eficientes do ponto de vista energético.

### 1.1 Rede de sensores sem fios

Uma rede de sensores sem fios (RSSF) (por vezes designada por rede de actores sem fios). Sensores autónomos distribuídos espacialmente para monitorizar condições físicas ou ambientais, como a temperatura, o som, a pressão, etc., e para transmitir cooperativamente os seus dados através da rede para um local principal. As redes mais modernas são bidireccionais, permitindo também o controlo da atividade dos sensores. O desenvolvimento das redes de sensores sem fios foi motivado por aplicações militares, como a vigilância de campos de batalha; atualmente, essas redes são utilizadas em muitas aplicações industriais e de consumo, como a monitorização e o controlo de processos industriais, a monitorização do estado das máquinas, etc. As RSSF são constituídas por "nós" - de alguns a várias centenas ou mesmo milhares, em que cada nó está ligado a um (ou por vezes vários) sensores. Cada nó de uma rede de sensores tem normalmente várias partes: um transmissor-recetor de rádio com uma antena interna ou ligação a uma antena externa, um microcontrolador, um circuito eletrónico para interface com os sensores e uma fonte de energia, normalmente uma bateria ou uma forma integrada de captação de energia. A dimensão de um nó sensor pode variar entre a de uma caixa de sapatos e a de um grão de pó, embora ainda não tenham sido criados "motes" funcionais de dimensões verdadeiramente microscópicas. O custo dos nós sensores é igualmente variável, oscilando entre algumas e centenas de dólares, consoante a complexidade de cada nó sensor. As restrições de dimensão e custo dos nós sensores resultam em restrições correspondentes em termos de recursos como energia, memória, velocidade de computação e largura de banda de comunicações. A topologia das RSSF pode variar entre uma simples rede em estrela e uma avançada rede em malha sem fios multi-hop. A técnica de propagação entre os saltos da rede pode ser o encaminhamento ou a inundação.

## 1.2 Nó sensor

Um **nó sensor,** também conhecido como **mote,** é um nó numa rede de sensores capaz de efetuar algum processamento, recolher informação sensorial e comunicar com outros nós ligados na rede. Um mote é um nó, mas um nó nem sempre é um mote.

Os principais componentes de um nó sensor são

- Microcontrolador
- Transcetor
- Memória externa
- Fonte de alimentação
- Um ou mais sensores

### 1.2.1 Microcontrolador

O controlador executa tarefas, processa dados e controla a funcionalidade de outros componentes do nó sensor. Embora o controlador mais comum seja um microcontrolador, outras alternativas que podem ser utilizadas como controlador são um microprocessador de secretária de uso geral, processadores de sinais digitais, FPGAs e ASCII. Um microcontrolador é frequentemente utilizado em muitos sistemas incorporados, como nós de sensores, devido ao seu baixo custo, à flexibilidade de ligação a outros dispositivos, à facilidade de programação e ao baixo consumo de energia. Um microprocessador de uso geral tem geralmente um consumo de energia mais elevado do que um microcontrolador, pelo que não é frequentemente considerado uma escolha adequada para um nó sensor. Os processadores de sinais digitais podem ser escolhidos para aplicações de comunicação sem fios de banda larga, mas nas redes de sensores sem fios a comunicação sem fios é muitas vezes modesta: ou seja, mais simples, mais fácil de processar a modulação e as tarefas de processamento de sinais da deteção efectiva de dados são menos complicadas. Por conseguinte, as vantagens dos DSP não são normalmente de grande importância para os nós de sensores sem fios. As FPGAs podem ser reprogramadas e reconfiguradas de acordo com os requisitos, mas isso consome mais tempo e energia do que o desejado.

### 1.2.2 Transcetor

Os nós sensores utilizam frequentemente a banda ISM, que oferece rádio livre, atribuição de espetro e disponibilidade global. As opções possíveis de meios de transmissão sem fios são a radiofrequência (RF), a comunicação ótica (laser) e os infravermelhos. Os lasers requerem menos energia, mas necessitam de uma linha de visão para a comunicação e são sensíveis às condições atmosféricas. Os infravermelhos, tal como os lasers, não necessitam de antena, mas a sua capacidade de transmissão é limitada. A comunicação por radiofrequência é a que se adequa à maioria das aplicações das RSSF. As RSSF tendem a utilizar frequências de comunicação sem licença: 173, 433, 868, e 915 MHz; e 2,4 GHz. A funcionalidade do transmissor e do recetor é combinada num único dispositivo conhecido como transcetor. Os emissores-receptores carecem frequentemente de identificadores únicos. Os estados operacionais são transmissão, receção, inatividade e suspensão. Os transceptores da geração atual têm máquinas de estado incorporadas que executam algumas operações automaticamente.

A maioria dos emissores-receptores que funcionam em modo inativo têm um consumo de energia quase igual à energia consumida em modo de receção. Assim, é melhor desligar completamente o transcetor em vez de o deixar no modo inativo quando não está a transmitir ou a receber. Uma quantidade significativa de energia é consumida quando se passa do modo de repouso para o modo de transmissão, a fim de transmitir um pacote.

### 1.2.3 Memória externa

Do ponto de vista energético, os tipos de memória mais relevantes são a memória on-chip de um microcontrolador e a memória Flash - a RAM off-chip é raramente, ou nunca, utilizada. As memórias Flash são utilizadas devido ao seu custo e capacidade de armazenamento. Os requisitos de memória dependem em grande medida da aplicação. Há duas categorias de memória baseadas na finalidade do armazenamento: a memória do utilizador, utilizada para armazenar dados pessoais ou relacionados com a aplicação, e a memória de programa, utilizada para programar o dispositivo. A memória de programa contém também os dados de identificação do dispositivo, se existirem.

### 1.2.4 Fonte de alimentação

Um nó sensor sem fios é uma solução popular quando é difícil ou impossível ligar uma fonte de alimentação eléctrica ao nó sensor. No entanto, uma vez que o nó sensor sem fios é frequentemente colocado num local de difícil acesso, mudar a bateria regularmente pode ser dispendioso e inconveniente. Um aspeto importante no desenvolvimento de um nó sensor sem fios é garantir que há sempre energia adequada disponível para alimentar o sistema. O nó sensor consome energia para a deteção, comunicação e processamento de dados. A comunicação de dados requer mais energia do que qualquer outro processo. O custo energético da transmissão de 1 Kb a uma distância de 100 metros (330 pés) é aproximadamente o mesmo que o utilizado para a execução de 3 milhões de instruções por um processador de 100 milhões de instruções por segundo/W. A energia é armazenada em baterias ou condensadores. As baterias, tanto recarregáveis como não recarregáveis, são a principal fonte de alimentação dos nós sensores. São também classificadas de acordo com o material eletroquímico utilizado para os eléctrodos, tais como NiCd (níquel-cádmio), NiZn (níquel-zinco), NiMH (níquel-metal (níquel-hidreto metálico), e iões de lítio. Os sensores actuais são capazes de renovar a sua energia a partir de fontes solares, diferenças de temperatura ou vibração. Duas políticas de poupança de energia utilizadas são a gestão dinâmica de energia (DPM) e a escala dinâmica de tensão (DVS). A DPM conserva a energia desligando as partes do nó sensor que não estão a ser utilizadas ou activas. Um esquema DVS varia os níveis de energia dentro do nó sensor dependendo da carga de trabalho não determinística. Ao variar a tensão juntamente com a frequência, é possível obter uma redução quadrática no consumo de energia.

### 1.2.5 Sensores

Os sensores são dispositivos de hardware que produzem uma resposta mensurável a uma alteração de uma condição física, como a temperatura ou a pressão. Os sensores medem os dados físicos do parâmetro a ser monitorizado. O sinal analógico contínuo produzido pelos sensores é digitalizado por um conversor analógico-digital e enviado aos controladores para processamento posterior. Um nó sensor deve ter dimensões reduzidas, consumir muito pouca energia, funcionar em densidades volumétricas elevadas, ser autónomo e funcionar sem vigilância, e adaptar-se ao ambiente.

# CAPÍTULO 2

## 2. OBJECTIVOS DE SEGURANÇA NA WSN

Dado que as redes de sensores também podem funcionar de forma ad-hoc, os objectivos de segurança abrangem tanto os das redes tradicionais como os objectivos adaptados aos condicionalismos específicos das redes de sensores ad-hoc. Os objectivos de segurança são classificados em primários e secundários. Os objectivos primários são conhecidos como objectivos de segurança padrão, como a confidencialidade, a integridade, a autenticação e a disponibilidade (CIAA). Os objectivos secundários são a Atualidade dos Dados, a Auto-Organização, a Sincronização do Tempo e a Localização Segura.

Os principais objectivos são

**Confidencialidade dos dados:**

A confidencialidade é a capacidade de esconder mensagens de um atacante passivo, de modo a que qualquer mensagem comunicada através da rede de sensores permaneça confidencial. Esta é a questão mais importante da segurança da rede. Um nó sensor não deve revelar os seus dados aos vizinhos.

**Autenticação de dados:**

A autenticação garante a fiabilidade da mensagem, identificando a sua origem. Os ataques em redes de sensores não envolvem apenas a alteração de pacotes; os adversários podem também injetar pacotes falsos adicionais. A autenticação de dados verifica a identidade dos emissores e dos receptores. A autenticação de dados é conseguida através de mecanismos simétricos ou assimétricos em que os nós emissores e receptores partilham chaves secretas. Devido à natureza sem fios dos meios de comunicação e ao facto de as redes de sensores não serem vigiadas, é extremamente difícil garantir a autenticação.

**Integridade dos dados:**

A integridade dos dados nas redes de sensores é necessária para garantir a fiabilidade dos dados e refere-se à capacidade de confirmar que uma mensagem não foi adulterada, alterada ou modificada. Mesmo que a rede disponha de medidas de confidencialidade, existe ainda a possibilidade de a integridade dos dados ter sido comprometida por alterações. A integridade da rede estará em apuros quando:

- Um nó malicioso presente na rede injecta dados falsos.
- Condições instáveis devido ao canal sem fios causam danos ou perda de dados.

**Disponibilidade de dados:**

A disponibilidade determina se um nó tem a capacidade de utilizar os recursos e se a rede está disponível para a comunicação das mensagens. No entanto, uma falha na disponibilidade da estação de base ou do líder do grupo acaba por ameaçar toda a rede de sensores. Assim, a disponibilidade do é de importância primordial para manter uma rede operacional.

## 2.1 SEGURANÇA SEM FIOS WEP

T ausência de uma ligação física entre os nós torna as ligações sem fios vulneráveis à escuta e ao roubo de informações. Para proporcionar um certo nível de segurança, a norma IEEE 802.11 definiu dois tipos de métodos de autenticação, Open System e Shared Key. Com a autenticação Open System, um computador sem fios pode aderir a qualquer rede e receber quaisquer mensagens que não estejam encriptadas. Com a autenticação de Chave Partilhada, apenas os computadores que possuam a chave de autenticação correta podem aderir à rede. Por predefinição, os dispositivos sem fios IEEE 802.11 funcionam numa rede de sistema aberto. Recentemente, a Wi-Fi, Wireless Ethernet Compatibility Alliance (http://www.wi-fi.net) desenvolveu o Wi-Fi Protected Access (WPA), uma nova segurança WiFi fortemente reforçada.

## 2.2 SEGURANÇA SEM FIOS WPA

O Wi-Fi Protected Access (WPA) é uma especificação de melhorias de segurança interoperáveis e baseadas em normas que aumentam o nível de proteção de dados e de controlo de acesso para sistemas LAN sem fios existentes e futuros. O IEEE introduziu o WEP como uma medida de segurança opcional para proteger as WLANs 802.11g (Wi-Fi), mas as fraquezas inerentes à norma depressa se tornaram óbvias. Em resposta a esta situação, a Wi-Fi Alliance anunciou, em outubro de 2002, uma nova arquitetura de segurança que colmata as deficiências do WEP. Esta norma, anteriormente conhecida como Safe Secure Network (SSN), foi concebida para funcionar com os produtos 802.11 existentes e oferece compatibilidade futura com a 802.11I, a nova arquitetura de segurança sem fios que está a ser definida no IEEE.

O WPA oferece as seguintes vantagens:

- Maior privacidade dos dados
- Gestão robusta de chaves
- Autenticação da origem dos dados

## 2.3 PRINCIPAIS CARACTERÍSTICAS DA SEGURANÇA WPA

As seguintes caraterísticas de segurança estão incluídas na norma WPA:

- Autenticação WPA
- Gestão de chaves de encriptação WPA
  - Protocolo de Integridade de Chave Temporal (TKIP)
  - Código de integridade da mensagem Michael (MIC)
  - Suporte AES
- Suporte para uma mistura de clientes sem fios WPA e WEP

**Determinação da capacidade de segurança da rede.**

Isto ocorre ao nível do 802.11 e é comunicado através de elementos de informação WPA em Beacon, Probe Response e (Re) Association Requests. As informações contidas nestes elementos incluem o método de autenticação (802.1X ou chave pré-partilhada) e o conjunto de cifras preferido (WEP, TKIP ou AES, que é Advanced Encryption Standard). As principais informações transmitidas nos quadros Beacon são o método de autenticação e o conjunto de cifras. Os métodos de autenticação possíveis incluem 802.1X e chave pré-partilhada. A chave pré-partilhada é um método de autenticação que usa uma frase secreta configurada estaticamente nas estações e no ponto de acesso. Isso elimina a necessidade de um servidor de autenticação, que em muitos ambientes domésticos e de pequenos escritórios não está disponível nem é desejável. Os conjuntos de cifras possíveis incluem: WEP, TKIP e AES. Falaremos mais sobre o TKIP e o AES quando abordarmos a privacidade dos dados mais adiante.

- **Autenticação.**

O EAP sobre 802.1X é utilizado para autenticação. A autenticação mútua é obtida através da escolha de um tipo de EAP que suporte esta funcionalidade e é exigida pelo WPA. O controlo de acesso a portas 802.1X impede o acesso total à rede até que a autenticação esteja concluída. Os pacotes 802.1X EAPOL-Key são utilizados pelo WPA para distribuir chaves por sessão às estações autenticadas com êxito. O requerente na estação utiliza as informações de autenticação e de conjunto de cifras contidas nos elementos de informação para decidir qual o método de autenticação e o conjunto de cifras a utilizar. Por exemplo, se o ponto de acesso estiver a utilizar o método de chave pré-partilhada, o requerente não precisa de se autenticar utilizando o 802.1X completo. Em vez disso, o requerente deve simplesmente provar ao ponto de acesso que está na posse da chave pré-partilhada. Se o requerente detetar que o conjunto de serviços não contém um elemento de informação WPA, sabe que tem de utilizar a autenticação 802.1X pré-WPA e a gestão de chaves para aceder à rede.

• **Gestão de chaves**

O WPA possui um sistema robusto de geração/gestão de chaves que integra as funções de autenticação e privacidade de dados. As chaves são geradas após uma autenticação bem sucedida e através de um subsequente aperto de mão de quatro vias entre a estação e o ponto de acesso.

• **Privacidade de dados (encriptação).** O Protocolo de Integridade de Chave Temporal (TKIP) é utilizado para envolver o WEP em técnicas sofisticadas de criptografia e segurança para ultrapassar a maioria das suas fraquezas.

- **Integridade dos dados.** O TKIP inclui um código de integridade da mensagem (MIC) no final de cada mensagem de texto simples para garantir que as mensagens não estão a ser falsificadas.

**Protocolo de Integridade de Chave Temporal (TKIP):**

O WPA utiliza o TKIP para fornecer melhorias importantes na encriptação de dados, incluindo uma função de mistura de chaves por pacote, uma verificação da integridade da mensagem (MIC) denominada Michael, um vetor de inicialização (IV) alargado com regras de sequenciação e um mecanismo de rechaveamento. O TKIP também fornece o seguinte:

• A verificação da configuração de segurança após a determinação das chaves de cifragem.

• A alteração sincronizada da chave de encriptação unicast para cada fotograma.

• A determinação de uma chave de encriptação unicast inicial única para cada autenticação de chave pré-partilhada. **Michael.** Com o 802.11 e o WEP, a integridade dos dados é fornecida por um valor de verificação de integridade (ICV) de 32 bits que é anexado à carga útil do 802.11 e encriptado com o WEP. Embora o ICV seja encriptado, é possível utilizar a criptanálise para alterar os bits na carga encriptada e atualizar o ICV encriptado sem ser detectado pelo recetor. Com o WPA, um método conhecido como Michael especifica um novo algoritmo que calcula um código de integridade de mensagem (MIC) de 8 bytes utilizando os recursos de cálculo disponíveis nos dispositivos sem fios existentes. O MIC é colocado entre a parte de dados do quadro IEEE 802.11 e o ICV de 4 bytes. O campo MIC é encriptado juntamente com os dados do quadro e o ICV. O Michael também fornece proteção contra a repetição. Um novo contador de quadros no quadro IEEE 802.11 é utilizado para evitar ataques de repetição.

**Suporte AES:**

Um dos métodos de encriptação suportados pelo WPA, para além do TKIP, é a norma de encriptação avançada (AES), embora o suporte de AES não seja exigido inicialmente para a certificação WiFi. Este método é visto como a escolha ideal para organizações preocupadas com a segurança, mas o problema com o AES é que exige uma reformulação fundamental do hardware da placa de rede, tanto na estação como no ponto de acesso.

# CAPÍTULO 3

# ESTUDO DA LITERATURA SOBRE O SISTEMA DE SEGURANÇA

## 3.1 EEICCP-PROTOCOLO DE EFICIÊNCIA ENERGÉTICA PARA REDES DE SENSORES SEM FIOS[1]

Foi proposto um protocolo de coordenação inter-agrupamentos eficiente em termos energéticos desenvolvido para as redes de sensores sem fios. Ao controlar a topologia, é possível aumentar a longevidade e a escalabilidade da rede. O agrupamento de nós sensores é uma topologia eficaz para as redes com limitações de energia. Assim, foi desenvolvido um algoritmo baseado em agrupamentos, no qual são considerados diferentes níveis de agrupamentos com base na intensidade do sinal recebido para reconhecer a distância dos agrupamentos à BS (estação de base) e determinar o número de coordenadores de agrupamentos para criar rotas para os CHs transmitirem os dados. Com base na investigação dos protocolos existentes em que os chefes de agrupamento enviam os dados diretamente para a estação de base, verificou-se que a transmissão direta pelos CHs não é uma solução óptima e dissipa muita energia, pelo que neste documento foi proposto um novo protocolo EEICCP (Energy efficient inter cluster coordination) que distribui uniformemente a carga de energia entre os nós sensores e utiliza a abordagem multi hop para os CHs. O modelo analítico do novo protocolo é projetado e o algoritmo é implementado em MATLAB. Além disso, o EEICCP demonstrou uma melhoria notável em relação aos protocolos LEACH e HCR já existentes em termos de fiabilidade e estabilidade. O nosso trabalho também foi validado através dos resultados da simulação.

## 3.2 ANÁLISE DE UM MODELO DE FILAS INFINITAS PARA REDES DE SENSORES SEM FIOS BASEADAS EM PMRC[2]

É proposta uma arquitetura de rede altamente escalável e tolerante a falhas, a estrutura Progressive Multi-hop Rotational Clustered (PMRC), para a construção de redes de sensores sem fios em grande escala. Além disso, é proposto o esquema sobreposto para resolver o problema do estrangulamento nas redes de sensores baseadas na PMRC. Uma vez que o espaço de reserva é frequentemente escasso nos nós de sensores, neste artigo, centramo-nos no estudo do desempenho das filas de espera dos chefes de agrupamento em redes de sensores baseadas em PMRC. Desenvolvemos um modelo de filas de espera finitas para analisar o desempenho das filas de espera dos chefes de agrupamento em redes de sensores baseadas em PMRC sem sobreposição e com sobreposição. O comprimento médio das filas e o atraso médio das filas dos chefes de agrupamento em diferentes camadas são determinados. Para validar os resultados da análise, foram efectuadas simulações com diferentes cargas para redes de sensores baseadas em PMRC sem sobreposição e com sobreposição. Os resultados da simulação correspondem aos resultados da análise em geral e confirmam a vantagem da seleção de dois chefes de agrupamento em relação à seleção de um único chefe de agrupamento em termos de melhor desempenho das filas de espera.

## 3.3 QOS E TRADE OFF DE ENERGIA EM REDES MESH/RELAY DISTRIBUÍDAS COM ENERGIA LIMITADA: UMA ANÁLISE DE FILAS DE ESPERA[3]

Numa rede distribuída multihop mesh/relay (por exemplo, rede ad hoc/sensor sem fios, rede multihop celular), cada nó actua como nó retransmissor para encaminhar pacotes de dados de outros nós. Estes nós estão frequentemente limitados em termos de energia e dispõem também de um espaço de memória intermédia limitado. Por conseguinte, são necessários mecanismos eficientes de poupança de energia (por exemplo, mecanismos de suspensão) para que o tempo de vida destes nós possa ser prolongado e, ao mesmo tempo, os requisitos de qualidade de serviço (QoS) (por exemplo, atraso e taxa de perda de pacotes) para os pacotes retransmitidos possam ser satisfeitos. Neste artigo, apresentamos um novo quadro analítico de filas de espera para estudar o compromisso entre a poupança de energia e a QoS num nó de retransmissão. Especificamente, ao modelar o processo de chegada de tráfego intermitente como um MAP (Processo de Chegada Markoviano) e o processo de serviço de pacotes como tendo uma distribuição do tipo fase (PH), modelamos cada nó como uma fila de prioridade não preemptiva MAP/PH/1. Aqui, os pacotes retransmitidos e os pacotes do próprio nó formam duas classes de prioridade e o protocolo da camada de controlo de acesso ao meio (MAC)/física (PHY) na pilha de protocolos de transmissão actua como o processo do servidor. Além disso, usamos um modelo de férias do tipo fase para o mecanismo de poupança de energia num nó quando o protocolo MAC/PHY se abstém de transmitir para poupar energia da bateria. Dois mecanismos diferentes de poupança de energia devido aos modelos de férias exaustivas padrão e exaustivas limitadas pelo número (ambos em casos de férias múltiplas) são analisados para estudar o compromisso entre o desempenho de QoS dos pacotes retransmitidos e a poupança de energia num nó retransmissor. Além disso, é apresentada uma formulação de otimização para conceber uma estratégia de despertar óptima para o processo do servidor sob restrições de QoS. Utilizamos o método matricial-geométrico para obter a distribuição de probabilidade estacionária para os estados do sistema, a partir da qual são derivadas as métricas de desempenho. A utilização de uma distribuição do tipo fase para os processos de serviço e de férias e a combinação do modelo de filas de espera prioritárias com o modelo de filas de espera de férias tornam a análise muito geral e abrangente.

## 3.4 UM ESTUDO SOBRE O CONTROLO DE TOPOLOGIA EM REDES DE SENSORES SEM FIOS: TAXONOMIA, ESTUDO COMPARATIVO E QUESTÕES EM ABERTO[4].

A tecnologia das redes de sensores sem fios (RSSF) gera uma vaga de aplicações imprevistas. A diversidade destas aplicações emergentes representa o grande sucesso desta tecnologia. Um parâmetro de desempenho fundamental dessas aplicações é o controlo da topologia, que caracteriza a forma como um campo de deteção é monitorizado e a forma como cada par de sensores está ligado entre si nas RSSF. Este documento apresenta uma panorâmica das técnicas de controlo da topologia. Classifica as técnicas de controlo de topologia existentes em duas categorias: cobertura de rede e conetividade de rede. Para cada categoria, é apresentado um conjunto de protocolos e técnicas existentes, com destaque para a cobertura geral, a cobertura de barreira, a cobertura de varrimento, a gestão de energia e o controlo de energia, cinco aspectos em ascensão que atraem uma atenção significativa da investigação nos últimos anos. Neste estudo, destacamos os princípios básicos do controlo de topologia para compreender o estado da arte, ao mesmo tempo que exploramos futuras direcções de investigação nas novas áreas em aberto e propomos uma série de orientações de conceção no âmbito deste tópico.

## 3.5 PROTOCOLOS MAC PARA REDES DE SENSORES SEM FIOS: UMA PESQUISA[5]

As redes de sensores sem fios são apelativas para os investigadores devido ao seu vasto potencial de aplicação em áreas como a deteção e o seguimento de alvos, a monitorização ambiental, a monitorização de processos industriais e os sistemas tácticos. No entanto, os menores alcances de deteção resultam em redes densas, o que torna necessário um protocolo de acesso ao meio eficiente, sujeito a restrições de energia. Vários protocolos MAC com diferentes objectivos foram propostos para redes de sensores sem fios. Neste artigo, começamos por delinear as propriedades das redes de sensores que são cruciais para a conceção de protocolos da camada MAC. Em seguida, descrevemos vários protocolos MAC propostos para redes de sensores, destacando os seus pontos fortes e fracos. Finalmente, apontamos questões de investigação em aberto sobre a conceção da camada MAC.

## 3.6 ANÁLISE E MODELAÇÃO DA SOBRECARGA DE ENCRIPTAÇÃO PARA NÓS DE REDES DE SENSORES

As preocupações com a segurança são motivadas pela implantação de um grande número de dispositivos sensoriais no terreno. As limitações em termos de capacidade de processamento, duração da bateria, largura de banda de comunicação e memória restringem a aplicabilidade das normas de criptografia existentes a pequenos dispositivos incorporados. O desfasamento entre a aritmética alargada para fins de segurança e as larguras dos barramentos de dados incorporados, combinado com a ausência de certas operações (por exemplo, multiplicação) na ISA, coloca outros desafios. Em primeiro lugar, é apresentado um estudo que investiga os requisitos computacionais de uma série de algoritmos criptográficos populares e de arquitecturas incorporadas. O objetivo deste trabalho é abranger uma vasta classe de algoritmos de encriptação normalmente utilizados e determinar o impacto das arquitecturas incorporadas no seu desempenho. Isto ajudará os projectistas a prever o desempenho de um sistema para tarefas criptográficas. Em segundo lugar, métodos para derivar a sobrecarga computacional das arquitecturas incorporadas em geral para os algoritmos de cifragem. As medições experimentais indicam um custo criptográfico uniforme para cada classe de encriptação e cada classe de arquitetura e um impacto negligenciável das caches. O modelo analítico permite avaliar o impacto de arquitecturas incorporadas arbitrárias como uma função multi-variante para cada esquema de encriptação.

# CAPÍTULO 4
# ANÁLISE DO SISTEMA

## 4.1 ARQUITECTURA

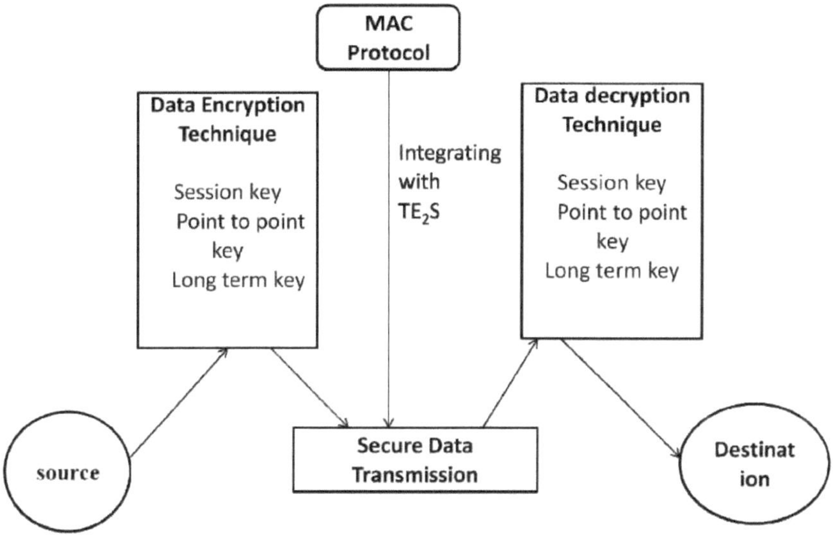

MAC Protocol

Data Encryption Technique

Session key
Point to point key
Long term key

Integrating with $TE_2S$

Data decryption Technique

Session key
Point to point key
Long term key

source

Secure Data Transmission

Destination

**Fig 4.1 Arquitetura do sistema**

## EXPLICAÇÃO:

O arquiteto de sistemas estabelece a estrutura básica do sistema, define as caraterísticas essenciais da conceção e os elementos que fornecem o quadro. Consiste em protocolos MAC, seleção de gateway, encriptação, desencriptação, transmissão segura de dados, centro de distribuição de chaves. O nó de origem envia os dados para o destino. Os protocolos MAC são integrados num esquema seguro (designado por conceção de camada cruzada) e utilizam uma técnica de encriptação de chaves para encriptar os dados. Por fim, os dados podem ser transferidos para o destino sem ataques e desencriptados.

## 4.2 SISTEMA ACTUAL

No sistema atual, as concepções do protocolo MAC são insuficientes para proteger as RSSF dos ataques de negação de sono na camada MAC. Ao integrar-se no protocolo MAC, não há qualquer pacote adicional em comparação com as concepções MAC existentes. As técnicas de cifragem mais antigas, como AES, DES e RTS, não são adequadas para uma transmissão de dados altamente segura em meios sem fios. Utilizando esta técnica de encriptação, o atacante ataca facilmente os nós sensores e consome mais energia.

**INCONVENIENTE DO SISTEMA**

- Os projectos de protocolo são insuficientes para proteger uma RSSF de um ataque de negação de sono.
- O esquema de segurança consome sempre mais energia do sistema.
- Não existe uma regra de decisão adequada para comprometer os requisitos entre a conservação de energia e o esquema de segurança.

## 4.3 SISTEMA PROPOSTO

Um projeto de camada cruzada de esquema seguro que integra o protocolo MAC. As análises mostram que o esquema proposto pode contrariar o ataque de repetição e o ataque de falsificação de uma forma eficiente em termos energéticos. A implementação da técnica de encriptação consiste em fornecer três tipos de chaves para encriptar a mensagem e é utilizada para a permutação de posições e a técnica de transformação de valores. A abordagem dada é muito simples, rápida, precisa e foi aplicada em conjunto como um algoritmo duplo para obter os melhores resultados num ambiente altamente inseguro e complexo.

**VANTAGENS**

- Para poupar energia e prolongar o tempo de vida das RSSF
- Chave de sessão dinâmica gerada com texto de desafio
- Conservação da energia
- Baixa complexidade
- Autenticação mútua

## 4.4 DESCRIÇÃO POR MÓDULO:

### 4.4.1 NOMES DOS MÓDULOS:

- Protocolos MAC
- Seleção da porta de entrada
- Centro de distribuição chave
  - Chave de sessão/efémera
  - Chave ponto a ponto
  - Chave de longo prazo
- Encriptação
- Transmissão de dados
- Descriptografia

### 4.4.2DESCRIÇÃO DO MÓDULO

- **PROTOCOLO MAC**

O controlo do acesso ao meio (MAC) é uma técnica importante que permite o bom funcionamento da rede. Uma tarefa fundamental do protocolo MAC é evitar colisões para que dois nós interferentes não transmitam ao mesmo tempo. Nestas redes, os protocolos de controlo do acesso ao meio (MAC) são responsáveis pela coordenação do acesso dos nós activos. A topologia da rede também muda com o tempo devido a muitas razões. Um bom protocolo MAC deve acomodar facilmente essas mudanças na rede. A subcamada MAC define um recurso independente do meio, construído sobre o recurso físico dependente do meio fornecido pela camada física e sob a subcamada LAN LLC independente da camada de acesso (ou outro cliente MAC). É aplicável a uma classe geral de meios de difusão local adequados para utilização com a disciplina de acesso aos meios conhecida como Carrier Sense Multiple Access with Collision Detection (CSMA/CD). A subcamada LLC e a subcamada MAC, em conjunto, destinam-se a ter a mesma função que a descrita no modelo OSI apenas para a camada de ligação de dados. Numa rede de difusão, a noção de uma ligação de dados entre duas entidades de rede não corresponde diretamente a uma ligação física distinta. No entanto, a repartição das funções apresentada nesta norma exige que duas funções principais, geralmente associadas a um procedimento de controlo da ligação de dados, sejam executadas na subcamada MAC. No sistema atual, utiliza-se o protocolo B-MAC integrando um esquema baseado no ciclo de trabalho. Este protocolo é insuficiente para proteger os nós das RSSF. Assim, propôs-se o RI-MAC integrando o design de camadas cruzadas ($TE_2S$)

para poupar energia e prolongar o tempo de vida dos nós das RSSF.

**- SELECÇÃO DE PORTA DE ENTRADA**

Para interligar dois clusters adjacentes não sobrepostos, um membro de cada cluster deve tornar-se um gateway. De acordo com o processo de formação de clusters, os sensores podem obter informações locais e saber o número de sensores vizinhos em clusters adjacentes. Assim, dada a informação local, os sensores podem inicializar os seus contadores para a seleção da porta de ligação. Com base no contador, os chefes de cluster emitem mensagens para desencadear o processo de seleção da porta de ligação. Depois de aplicar o procedimento de determinação de gateways, os nós de gateway transmitem mensagens para atualizar a informação de conetividade e ativar a arquitetura de clusters ligados.

**- CENTRO DE DISTRIBUIÇÃO DE CHAVES**

Nesta fase, duas chaves simétricas partilhadas, uma chave de cluster e uma chave de gateway, são encriptadas pela chave pré-distribuída e distribuídas localmente. Uma chave de agrupamento é uma chave partilhada por um chefe de agrupamento e todos os seus membros, que é principalmente utilizada para proteger mensagens transmitidas localmente, por exemplo, informações de controlo de encaminhamento, ou para proteger mensagens de sensores. Além disso, para formar um canal de comunicação seguro entre os gateways de agrupamentos adjacentes, pode ser utilizada uma chave simétrica partilhada para encriptar a mensagem enviada.

**- SESSÃO/CHAVE EFÉMERA**

É criada uma cadeia de hash utilizando a chave de agrupamento Kc, que é o segredo partilhado entre os membros válidos e o chefe do agrupamento. Esta cadeia de hash é utilizada para autenticação mútua e chave de encriptação simétrica. O acordo de chave de sessão do esquema iniciado pelo remetente e o do esquema iniciado pelo destinatário.

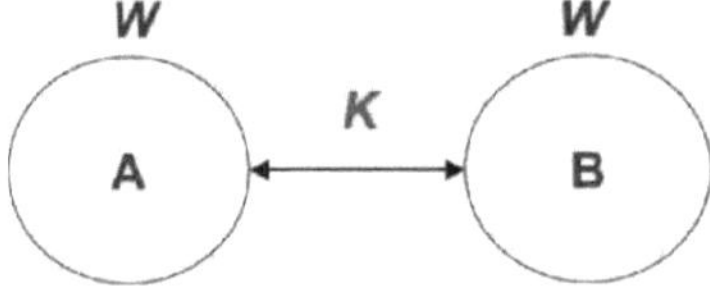


Fig 4.4.2(a) chave de sessão

i. As partes conhecem-se umas às outras, por exemplo, um cliente A tem uma conta no servidor B

ii. A e B partilham a priori uma chave de longo prazo W

iii. A e B querem estabelecer uma chave de sessão K

iv. A chave de sessão é utilizada para uma sessão de comunicação

v. A chave de sessão é utilizada para a encriptação em massa

vi. A chave de longo prazo é utilizada para o estabelecimento de chaves

## I. ESTABELECIMENTO DE CHAVES PONTO A PONTO

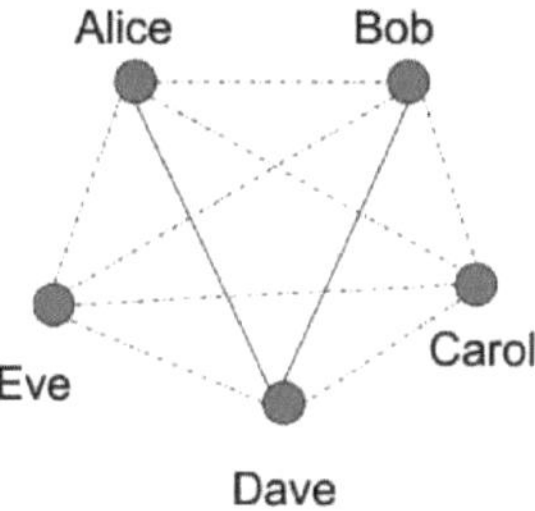


Fig 4.4.2(b) estabelecimento de chaves ponto-a-ponto

Cada par de utilizadores deve partilhar uma chave secreta de longo prazo a priori. Cada utilizador tem (n - 1) chaves. E deve também utilizar carimbos de data/hora e nonce. A chave de sessão deve incluir a duração da validade. A chave P2P está diretamente ligada ao sistema, pelo que, sem o envolvimento de qualquer outro sistema, não só as transacções de pagamento demoram menos tempo, como também existe uma maior segurança e confidencialidade.

## II. CHAVE DE LONGO PRAZO

Uma chave de longo prazo pode ser utilizada para qualquer fim, incluindo informação armazenada e comunicação transitória. Os geradores de números aleatórios quânticos já foram identificados como a primeira tecnologia resultante da ciência da informação quântica a chegar ao mercado e a distribuição de chaves quânticas (QKD) está a seguir de perto as suas pegadas neste domínio rapidamente emergente. De facto, percorremos um longo caminho desde o primeiro artigo sobre QKD de Bennett e Brassard em 1984. As revisões de apresentam a evolução do QKD ao longo destas últimas décadas. No entanto, para ser definitivamente um êxito comercial, a QKD tem de demonstrar a sua integração nas redes de telecomunicações, a sua fiabilidade e a sua robustez.

Nas redes de telecomunicações, um dos valores de mérito mais importantes é a taxa de bits. Por analogia, a taxa de chave secreta é considerada como o parâmetro-chave para os dispositivos QKD. A taxa de chave secreta é derivada da taxa de chave bruta e da taxa de erro de bit quântico (QBER). Assim, a probabilidade de deteção - obtendo-se a taxa de deteção bruta multiplicando-a pelo número de portas por segundo - e a medição da QBER são comunicadas, bem como a taxa da chave secreta, nesta secção.

- **ENCRYPTION**

Em criptografia, a encriptação é o processo de transformar a informação (designada por texto simples) em texto cifrado (formato desconhecido) para a tornar ilegível para qualquer pessoa, exceto para as que possuem conhecimentos especiais, normalmente designados por chave. O resultado do processo é conhecido como encriptação. A encriptação é feita pelo utilizador através da sua chave. Só com essa chave é possível converter o texto simples em texto cifrado. Se o recetor quiser ver a informação, tem de a desencriptar utilizando a chave, sem a desencriptação o utilizador não pode ler ou ver a forma cifrada da informação. A cifragem é utilizada para proteger dados em trânsito, por exemplo, dados transferidos através de redes (por exemplo, Internet, comércio eletrónico), telemóveis, microfones sem fios, sistemas de intercomunicação sem fios, dispositivos Bluetooth e caixas automáticas de bancos. Nos últimos anos, têm-se registado numerosos casos de interceção de dados em trânsito. A encriptação proporciona uma boa segurança aos nossos dados durante a transferência através das redes. A encriptação dos dados em trânsito também ajuda a protegê-los, pois muitas vezes é difícil proteger fisicamente todos os acessos às redes. Todos os utilizadores da rede têm uma chave única. Utilizando esta chave, o utilizador encripta a sua informação. Assim, só a nossa informação é protegida durante a transferência através das redes.

- **TRANSMISSÃO DE DADOS**

A nova chave de sessão dinâmica criada Ks, o remetente pode encriptar os dados de transmissão através de encriptação simétrica. Permite a transferência e a comunicação de dispositivos num ambiente ponto-a-ponto, ponto-a-multiponto e multiponto-a-multiponto. A transmissão refere-se ao ato de enviar dados através de uma ligação de rede. Na rede, todos os utilizadores têm uma chave. Antes da transmissão dos dados, o utilizador deve cifrá-los através da técnica de cifragem de chaves e enviá-los para o destino. Os dados são transmitidos entre a origem e o destino sem quaisquer ataques.

## - DESCRITURAÇÃO

O nó de destino recebe a informação sob a forma cifrada. A descodificação é o processo de conversão do texto cifrado em texto simples. O processo de descodificação de dados que foram encriptados para um formato secreto. A descodificação requer uma chave secreta ou uma palavra-passe. Só a utilização da chave permite encriptar ou desencriptar a informação. A desencriptação fornece uma boa segurança à pessoa autorizada que está a receber a informação em formato encriptado e que pode ver essa informação com a ajuda da chave. Assim, os nós atacantes que estão a receber essas informações não podem vê-las sem a chave adequada.

# CAPÍTULO 5

# TECNOLOGIAS UTILIZADAS

## 5.1 DESCRIÇÃO DO SOFTWARE

### 5.1.1 INTRODUÇÃO À ESTRUTURA DO NS2

O NS2 é um simulador orientado para objectos, escrito em C++, com um interpretador Tel como front-end. O simulador suporta uma hierarquia de classes em C++ (também designada por hierarquia compilada) e uma hierarquia de classes semelhante no interpretador Tel (também designada por hierarquia interpretada). As duas hierarquias estão intimamente relacionadas entre si; do ponto de vista do utilizador, existe uma correspondência de um para um entre uma classe na hierarquia interpretada e uma na hierarquia compilada. O NS2 usa duas linguagens porque tem dois tipos diferentes de coisas que precisa de fazer: Simulações detalhadas de protocolos requerem uma linguagem de programação de sistemas que pode manipular eficientemente bytes, cabeçalhos de pacotes e implementar algoritmos que rodam em grandes conjuntos de dados.

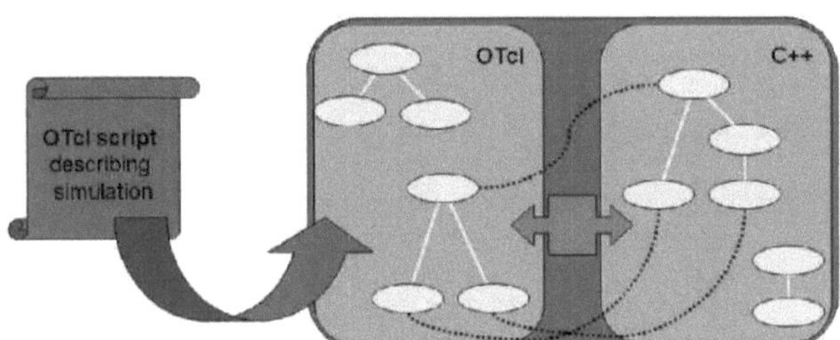


Fig 5.1.1 Diagrama esquemático interno do NS2

Para estas tarefas, o tempo de execução é importante e o tempo de execução (executar a simulação, encontrar o erro, corrigir o erro, recompilar, voltar a executar) é menos importante. O C++ é rápido a executar mas mais lento a alterar, o que o torna adequado para a implementação detalhada de protocolos. Uma grande parte da investigação em redes envolve a variação ligeira de parâmetros ou configurações, ou a exploração rápida de vários cenários. Nestes casos, o tempo de iteração (alterar o modelo e executar novamente) é mais importante. Uma vez que a configuração é executada uma vez (no início da simulação), o tempo de execução desta parte da tarefa é menos importante. O Tel é mais lento do que o C++, mas pode ser alterado muito rapidamente (e de forma interactiva), o que o torna ideal para a configuração da simulação. Os utilizadores criam novos objectos de simulação através do interpretador Tel. Esses objetos são instanciados dentro do interpretador e são espelhados por um objeto correspondente na hierarquia compilada. A classe Tel Object é a classe de base para a maioria das outras classes nas hierarquias interpretadas e compiladas. Todos os objectos da classe Tel Object são criados pelo utilizador a partir do interpretador. Um objeto sombra equivalente é criado na hierarquia compilada. Os dois objetos estão intimamente associados um ao outro. A hierarquia de classes interpretada é automaticamente estabelecida através de métodos definidos na classe TclClass. Os objectos instanciados pelo utilizador são espelhados através de métodos definidos na classe TclObject.

### 5.1.2 Tel / C++ Variable Binding:

A classe InstVar define os métodos e mecanismos para ligar uma variável de membro C++ no objeto sombra compilado a uma variável de instância Tel especificada no objeto interpretado equivalente. A ligação é configurada de forma a que o valor da variável possa ser definido ou acedido a partir do intérprete ou do código compilado em qualquer altura. Sempre que a variável é lida através do interpretador, a rotina trap é invocada imediatamente antes da ocorrência da leitura. A rotina invoca a função get apropriada que devolve o valor atual da variávcl. Este valor é então utilizado para definir o valor da variável interpretada que é então lida pelo intérprete. Da mesma forma, sempre que a variável é definida através do interpretador, a rotina trap é invocada logo após a conclusão da escrita. A rotina obtém o valor atual definido pelo intérprete e invoca a função set apropriada que define o valor do membro compilado para o valor atual definido no intérprete.

### 5.1.3 Traço NAM

O rastreamento NAM registra os detalhes da simulação em um arquivo de texto e usa o arquivo de texto para reproduzir a simulação usando animação. O NAM trace é ativado pelo comando "$ns namtrace- all $file", onde ns é o identificador do Simulador e file é um identificador associado ao arquivo que armazena as informações do NAM trace. Após obter um arquivo de rastreamento do NAM, a animação pode ser iniciada diretamente no prompt de comando "namfilename.nam". Muitos recursos de visualização estão disponíveis no NAM. Esses recursos são, por exemplo, animar fluxos de pacotes coloridos, arrastar e soltar nós (posicionamento), rotular nós em um instante específico, modelar os nós, colorir um link específico e monitorar uma fila. O NS oferece suporte substancial para simulação de protocolos TCP, de roteamento e multicast em redes com e sem fio (locais e via satélite). O NS tem uma biblioteca rica em objectos de rede e de protocolo. Existem duas hierarquias de classes: a hierarquia C++ compilada e a hierarquia OTcl interpretada, com uma correspondência de um para um entre elas. A hierarquia compilada em C++ permite-nos obter eficiência na simulação e tempos de execução mais rápidos. Isto é particularmente útil para a definição pormenorizada e o funcionamento dos protocolos. Isto permite reduzir o pacote e até o tempo de processamento. Depois no script OTcl fornecido pelo utilizador pode-se definir uma determinada topologia de rede, os protocolos específicos e a aplicação que se pretende simular e a forma do output que se pretende obter do simulador. O OTcl pode fazer uso dos objectos compilados em C++ através da ligação OTcl que cria um objeto OTcl correspondente para cada um dos objectos C++. NS é um simulador discreto, onde o tempo dos eventos é determinado por um agendador. Um evento é um ID de pacote que é único para um pacote com hora marcada e o ponteiro para um objeto que trata o evento. O programador mantém o registo do tempo de simulação e o ponteiro para um objeto que trata o evento. O programador controla o tempo de simulação e dispara todos os eventos na fila de eventos programados para o tempo atual, invocando os componentes de rede apropriados, que normalmente são os que emitiram os eventos, e deixando-os realizar a ação apropriada associada ao pacote apontado pelo evento.

## 5.2 SIMULADOR

O simulador é um simulador orientado por eventos. O programador é executado selecionando o evento mais próximo, executando-o até à conclusão e regressando para executar o evento seguinte. A unidade de tempo utilizada pelo programador é o segundo. Atualmente, o simulador tem um único segmento e apenas um evento em execução num determinado momento. Se mais do que um evento estiver programado para ser executado ao mesmo tempo, a sua execução é efectuada de acordo com o método FIFO (primeiro programado - primeiro enviado). Não é suportada a execução parcial de eventos ou a preempção. Um evento inclui geralmente uma hora, uma identificação e uma função de tratamento. Dois tipos de objectos derivam da classe base Event - eventos de pacotes e "at- events". Os eventos de pacotes serão abordados mais tarde em pormenor. Um "at-event" é uma execução de um procedimento Tel programada para ocorrer num determinado momento. Isso é frequentemente usado em scripts de simulação. Este código Tel cria primeiro um objeto de simulação, depois altera a implementação do agendador por defeito para ser baseado em heap e, finalmente, agenda a função "finish" para ser executada no tempo 300.5 (em segundos). Na investigação sobre comunicações e redes de computadores, a simulação de redes é uma técnica em que um programa modela o comportamento de uma rede, quer calculando a interação entre as diferentes entidades da rede (anfitriões/routers, ligações de dados, pacotes, etc.) utilizando fórmulas matemáticas, quer capturando e reproduzindo observações de uma rede de produção. O comportamento da rede e das várias aplicações e serviços que suporta pode então ser observado num laboratório de testes; vários atributos do ambiente podem também ser modificados de forma controlada para avaliar como a rede se comportaria em diferentes condições. Quando um programa de simulação é utilizado em conjunto com aplicações e serviços em funcionamento para observar o desempenho de ponta a ponta no ambiente de trabalho do utilizador, esta técnica é também designada por emulação de rede.

**Fluxo de trabalho de simulação :**

O processo geral de criação de uma simulação pode ser dividido em várias etapas:

1. **Definição de topologias:** para facilitar a criação de instalações básicas e definir as suas inter-relações, o ns-3 tem um sistema de contentores e ajudantes que facilitam este processo.
2. **Desenvolvimento de modelos:** os modelos são adicionados à simulação (por exemplo, UDP, IPv4, dispositivos e ligações ponto-a-ponto, aplicações); na maior parte das vezes, isto é feito utilizando ajudantes.
3. **Execução:** as instalações de simulação geram eventos, os dados solicitados pelo utilizador são registados.
4. **Análise do desempenho:** depois de a simulação estar concluída e os dados estarem disponíveis sob a forma de um traço de evento com registo de data e hora. Estes dados podem então ser analisados estatisticamente com ferramentas como o R para tirar conclusões.
5. **Visualização gráfica:** os dados brutos ou processados recolhidos numa simulação podem ser representados graficamente utilizando ferramentas como o Gnuplot, matplotlib ouXGRAPH.

**Crítica :**

O Ns-2 é frequentemente criticado pelo facto de a modelação ser uma tarefa muito complexa e morosa, uma vez que não tem GUI e é necessário aprender a linguagem de script, a teoria das filas e as técnicas de modelação. Além disso, ultimamente, tem havido queixas de que os resultados não são consistentes (provavelmente devido a alterações contínuas na base de código) e que certos protocolos estão repletos de erros.

O ns-3 é frequentemente criticado pela sua falta de suporte para protocolos (como WSN, MANET, etc.) que eram suportados no ns-2, bem como pela falta de retrocompatibilidade com o ns-

**2.** Tal como o ns-2, o ns-3 também consome muito tempo a aprender e a utilizar em comparação com os simuladores baseados em GUI.

**Motivação para as simulações**

- Barato, não requer equipamento dispendioso
- Cenários complexos podem ser facilmente testados

-Os resultados podem ser obtidos rapidamente mais ideias podem ser testadas num período de tempo mais curto

- O verdadeiro ainda não está disponível
- Condições experimentais controladas

- A repetibilidade ajuda na depuração

- Desvantagens: Sistemas reais demasiado complexos para serem modeladosCaracterísticas doNS-2
- Protocolos: TCP, UDP, HTTP, algoritmos de encaminhamento, MAC, etc,
- Modelos de tráfego: CBR, VBR, Web, etc.
- Modelos de erro: Uniforme, explosivo, etc.
- Mise: Propagação de rádio, Modelos de mobilidade, Energia

**Modelos**

- Ferramentas de geração de topologia

-Ferramentas de visualização (NAM), Estrutura TracingNS

- NS é um simulador de eventos discretos orientado para objectos
  - O simulador mantém uma lista de eventos e executa um evento após o outro

    Um único fio de controlo: sem bloqueio ou condições de corrida
- O back end é um programador de eventos C++
  - Protocolos na sua maioria
  - Rápido de executar, mais controlo
- O front end é oTCL
  - Criação de cenários, extensões aos protocolos C++

- rápido de escrever e alterar

**Simulador de rede:**

Um simulador de rede é um programa de software que imita o funcionamento de uma rede informática. Nos simuladores, a rede informática é normalmente modelada com dispositivos, tráfego, etc., e o seu desempenho é analisado. Normalmente, os utilizadores podem personalizar o simulador para satisfazer as suas necessidades de análise específicas. Os simuladores são normalmente fornecidos com suporte para os protocolos mais populares atualmente utilizados, como WLAN, Wi-Max, UDP e TCP.

**Estrutura NS**

- Protocolos do programador de eventos C++ (a maioria)
- Protocolos de scripts TCL (principalmente extensões do núcleo C++)
- Os objectos TCL expõem uma interface para objectos C++ (objectos sombra) configuração do sistema (predefinições, etc.)

**CLASSE TCL**

A classe Tel encapsula a instância real do interpretador OTcl e fornece os métodos para aceder e comunicar com esse interpretador. Os métodos descritos nesta secção são relevantes para o programador ns que está a escrever código C++.

A classe fornece métodos para as seguintes operações:

- obter uma referência à instância Tel;
- invocar procedimentos OTcl através do intérprete;
- recuperar ou transmitir os resultados ao intérprete;
- comunicar situações de erro e sair de uma forma uniforme; e - armazenar e procurar "TclObjects".
- adquirir acesso direto ao intérprete.

# CAPÍTULO 6
# ANÁLISE E CONCLUSÃO DA PRODUÇÃO

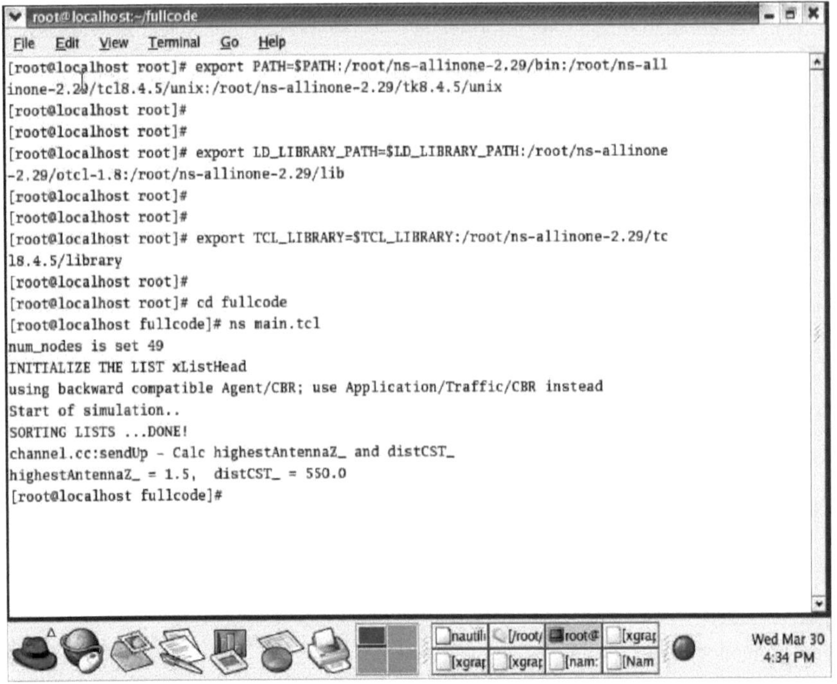


Fig. 6.10ecrã de saída para setpath

## IMPLANTAÇÃO DE NÓS

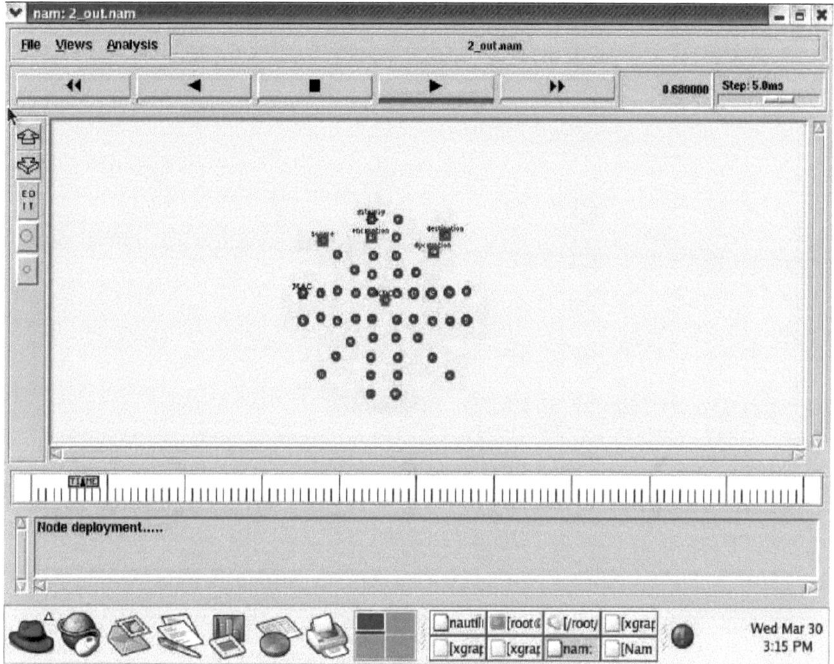


Fig.6.2 Implantação de nós

Criar uma topologia de rede que contenha o número de nós. E também criar um nó para o gateway e o protocolo MAC, KDC, nós de encriptação e desencriptação.

**SELECÇÃO DE GATEWAY**

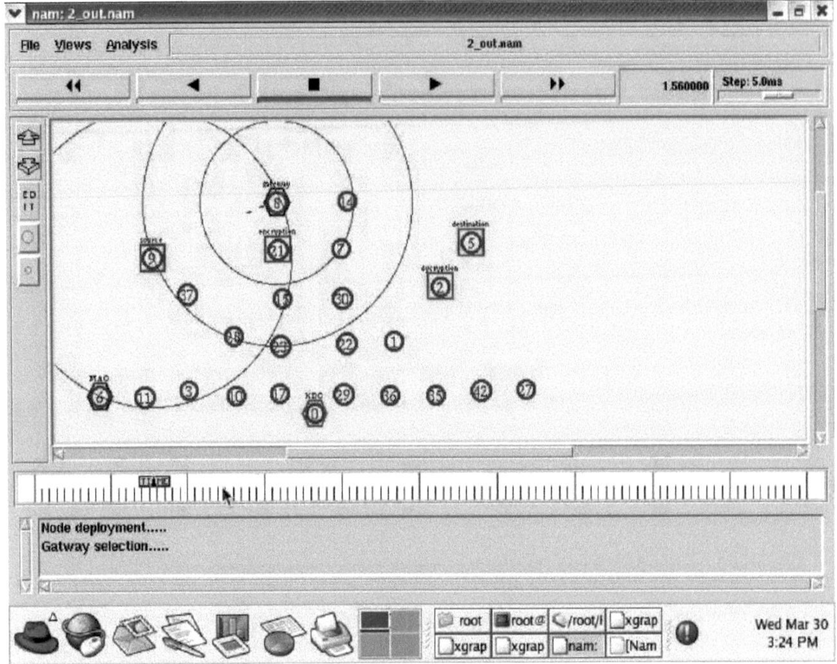


Fig 6.3 Seleção da porta de entrada

Os dados são enviados para a gateway a partir do nó de origem

# PROTOCOLO MAC

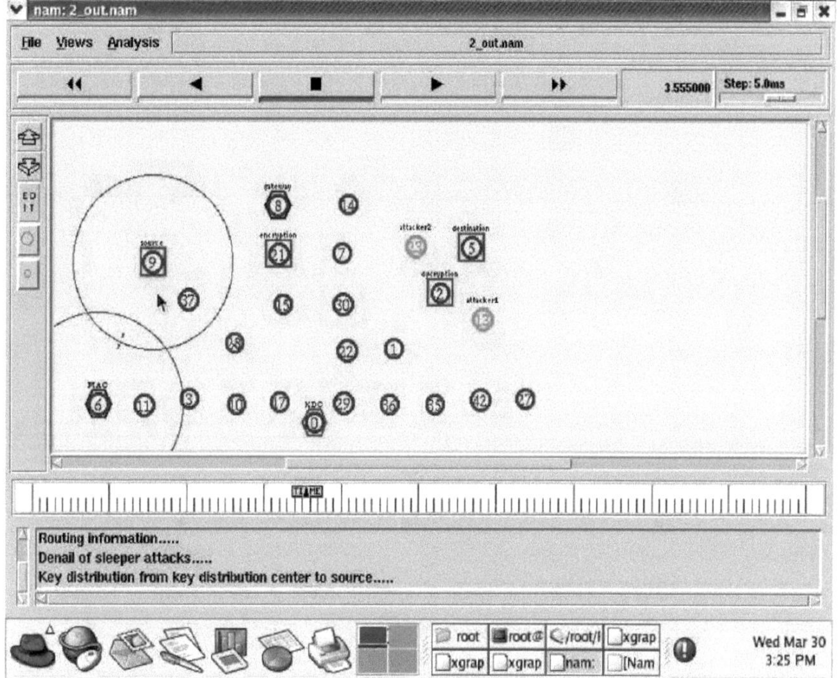


Fig 6.4 Protocolo MAC

O nó de origem envia os dados para o protocolo MAC. Este protocolo MAC é utilizado para enviar dados de forma segura. O protocolo MAC está integrado no design de camadas cruzadas para poupar energia.

## DISTRIBUIÇÃO DE CHAVES DO KDC PARA A FONTE

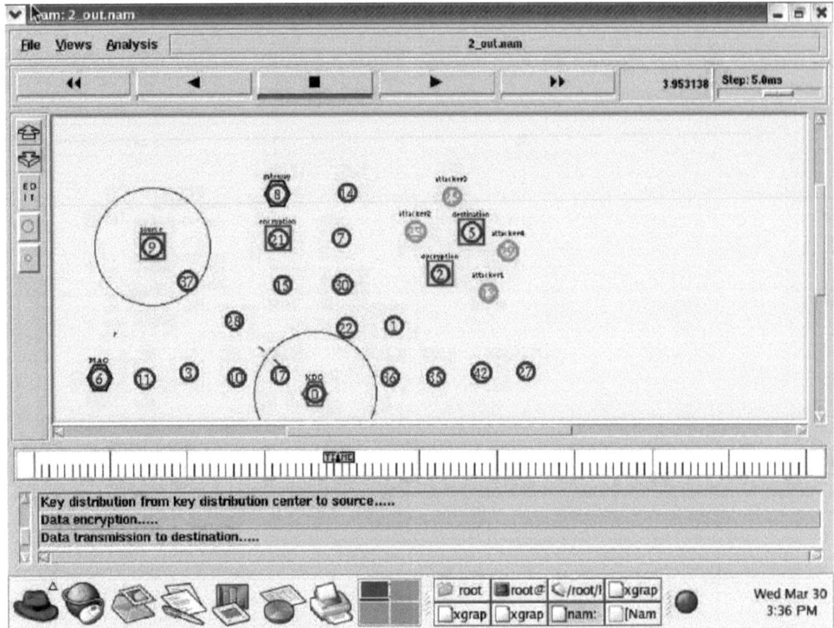


Fig 6.5 Distribuição de chaves do KDC para a fonte

O centro de distribuição de chaves distribui a chave para o nó de origem, utilizando este processo de encriptação e desencriptação de chaves.

## ENCRIPTAÇÃO DE DADOS E TRANSMISSÃO DE DADOS PARA O DESTINO

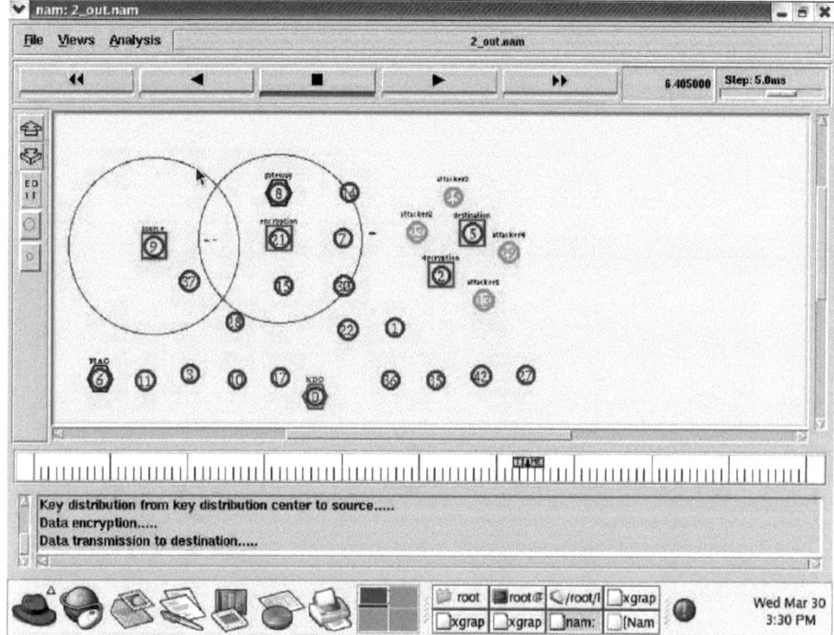


Fig. 6.6 Encriptação de dados e transmissão de dados para o destino

O nó de origem envia os dados para o nó de encriptação e este nó utiliza a técnica de chave para encriptar os dados. Por fim, envia-os para o destino.

## DESENCRIPTAR OS DADOS DO DESTINO

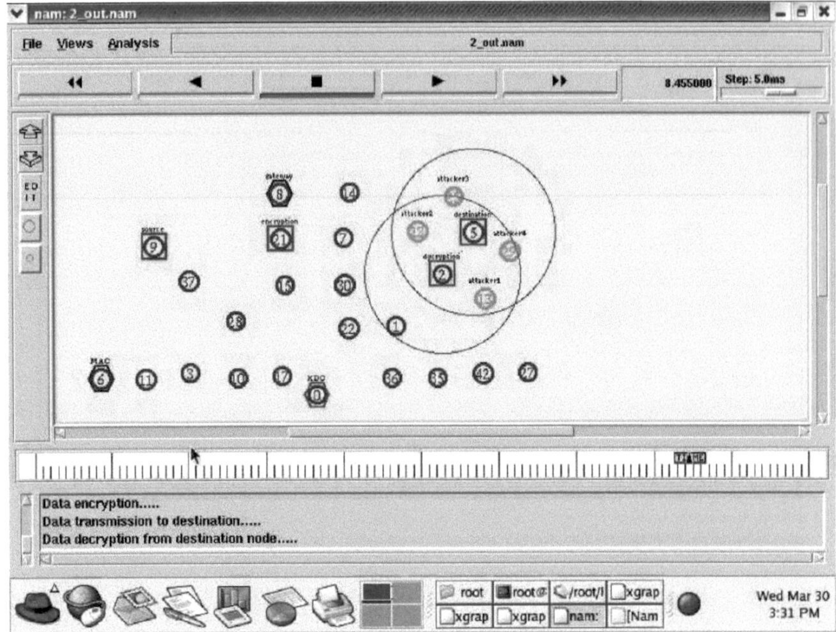

Fig 6.7 desencriptar os dados do destino

O nó de descodificação envia os dados para o nó de descodificação, que os descodifica.

## GRÁFICO

## DESEMPENHO DA TRANSMISSÃO DE UM NÓ SOBRE UM NÓ MALICIOSO

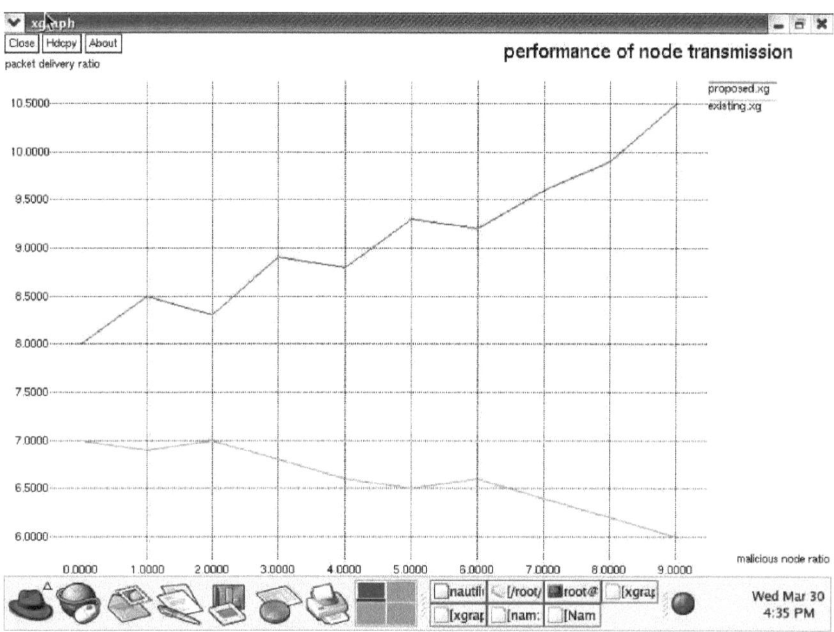


Fig 6.8 desempenho da transmissão do nó sobre o nó malicioso

# EFICIÊNCIA ENERGÉTICA

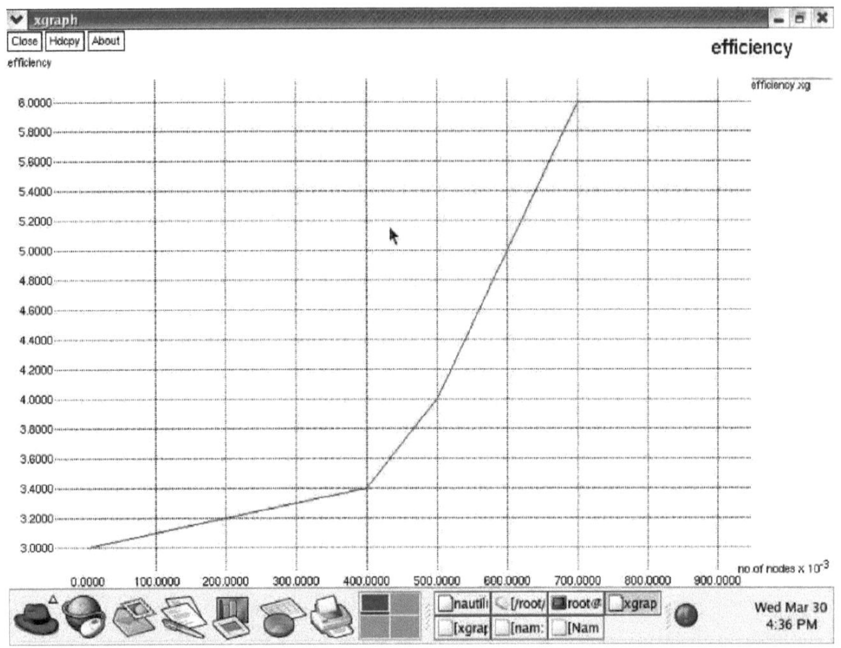


Fig. 6.9 Eficiência energética

## CONCULSÃO

Propõe um projeto de camada cruzada de um esquema seguro e eficiente em termos energéticos que se integra no protocolo MAC. O sistema proposto suporta o estabelecimento, o transporte e a atualização de três tipos de chaves. A implementação da técnica de cifragem de chaves consiste em fornecer três tipos de chaves para cifrar a mensagem, que são utilizadas para a permutação de posições e a técnica de transformação de valores. São elas a chave de sessão/efémera, a chave de estabelecimento ponto a ponto e a chave de longo prazo. Finalmente, os dados podem ser transmitidos em segurança contra os atacantes e poupam energia de forma eficiente.

# CAPÍTULO 7

# REVISÃO DA LITERATURA SOBRE AGRUPAMENTO DE DADOS

## 7.1 TRABALHOS RELACIONADOS

Foi desenvolvido um protocolo de segurança e de encaminhamento hierárquico para as RSSF. Este protocolo garante que toda a rede não é comprometida, mesmo que tenha havido um ataque dentro da rede. O trabalho propôs um esquema de gestão de chaves dependente da localização em que cada par de nós descobre chaves comuns através da transmissão de índices de chaves com aplicações sucessivas de uma função de hash unidirecional. Graças a esta técnica, a sobrecarga de comunicação total na rede é reduzida. Propôs uma troca de chaves Diffie-Hellman eficiente utilizando ECC em redes de sensores. Esta troca de chaves públicas é efectuada entre dois participantes na rede.

O trabalho proposto irá projetar um protocolo de encaminhamento seguro destinado a RSSF através de um agrupamento dinâmico baseado na SNR. Este pode dividir os nós em clusters e selecionar o Cluster Head (CH) entre os nós com base na energia. Os nós não CH juntam-se a um CH específico com base nos valores SNR. Isto melhora significativamente a eficiência energética e a taxa de receção de pacotes. A Criptografia de Curva Elíptica (ECC) é uma criptografia de chave pública baseada na teoria da curva elíptica que pode ser utilizada para gerar chaves criptográficas mais rápidas, mais pequenas e mais eficientes. O ECC gera chaves através das propriedades da equação da curva elíptica. O RSA requer um tamanho de chave de 1024 bits para proporcionar uma maior segurança, mas o ECC pode proporcionar um nível de segurança igual com um tamanho de chave de 160 bits. No entanto, tem muitas limitações, como o facto de o tamanho da chave ser grande, exigir mais tempo de processamento e espaço de armazenamento, comunicação insegura e captura do nó pelo adversário.

A criptografia de curva elíptica (ECC) demonstrou a viabilidade da aplicação da PKC às RSSF. Um esquema de estabelecimento de chaves baseado em ECC para RSSFs auto-organizadas. No entanto, é necessário detetar os pontos fracos de segurança do seu esquema. Os pontos fracos de segurança dos actuais esquemas baseados em ECC são o facto de estas abordagens serem vulneráveis à falsificação de mensagens, ao comprometimento de chaves e a ataques de chave conhecida. Além disso, estes esquemas baseados em ECC com certificados, quando aplicados diretamente a RSSF dinâmicas, sofrem com a sobrecarga de gestão de certificados de todos os nós sensores, pelo que não são uma aplicação prática para RSSF em grande escala. A implementação da criptografia de curva elíptica sofre de uma elevada sobrecarga de comunicação e requer um grande espaço de memória para armazenar chaves de pares partilhadas. Também não é escalável, não é resistente a compromissos e não suporta a mobilidade dos nós. Por conseguinte, a encriptação de chave simétrica não é adequada para RSSF dinâmicas. Além disso, os esquemas existentes não são seguros.

## 7.2 UM ESQUEMA DE PRÉ-DISTRIBUIÇÃO DE CHAVES PARA REDES DE SENSORES USANDO CONHECIMENTO DE IMPLANTAÇÃO^].

Para garantir a segurança nas redes de sensores sem fios, é importante poder encriptar as mensagens enviadas entre os nós sensores. As chaves para efeitos de cifragem devem ser acordadas pelos nós comunicantes. Devido a restrições de recursos, a obtenção desse acordo de chaves em redes de sensores sem fios não é trivial. Muitos esquemas de acordo de chaves utilizados em redes gerais, como o Diffie - Hellmans e os esquemas baseados em chaves públicas, não são adequados para redes de sensores sem fios. A pré-distribuição de chaves para todos os pares de nós não é viável devido à grande quantidade de memória utilizada quando o tamanho da rede é grande. Recentemente, foi proposto um esquema de pré-distribuição aleatória de chaves e os seus melhoramentos.

Um pressuposto comum destes esquemas de pré-distribuição aleatória de chaves é o facto de não haver conhecimento da implantação. Ao constatar que, em muitos cenários práticos, pode haver um certo conhecimento da implantação a priori, propomos um novo esquema de pré-distribuição aleatória de chaves que explora o conhecimento da implantação e evita atribuições desnecessárias de chaves. Mostramos que o desempenho (incluindo a conetividade, a utilização de memória e a resistência da rede contra a captura de nós) das redes de sensores pode ser substancialmente melhorado com a utilização do esquema proposto. O esquema e a sua avaliação detalhada do desempenho são apresentados neste documento.

## 7.3 MODELO DE GESTÃO DE CHAVES DINÂMICO E SEGURO PARA REDES DE SENSORES HETEROGÉNEAS E HIERÁRQUICAS[7]

Muitas aplicações que utilizam redes de sensores sem fios (RSSF) exigem uma comunicação essencialmente segura. No entanto, as RSSF sofrem de algumas fraquezas inerentes devido às capacidades restritas de comunicação e de hardware. A gestão de chaves é o elemento fundamental para todos os objectivos de segurança nas RSSF. A maioria das investigações existentes tentou atribuir chaves assumindo uma arquitetura de rede homogénea. Recentemente, foram propostos alguns modelos de gestão de chaves para RSSFs heterogéneas. Neste estudo, os autores propõem uma estrutura de gestão dinâmica de chaves baseada na criptografia de curva elíptica e no método de criptografia de sinais para RSSFs heterogéneas. O esquema proposto tem escalabilidade de rede e mobilidade do nó sensor (SN), especialmente em ambientes líquidos. Além disso, são propostos a autenticação periódica e um novo mecanismo de registo para evitar o comprometimento do SN. Os autores analisam alguns dos esquemas de gestão de chaves de RSSF heterogéneas hierárquicas mais importantes e comparam-nos com o esquema proposto. Ao comparar o esquema proposto com os esquemas de gestão de chaves de RSSF heterogéneas hierárquicas mais seminais, o quadro proposto revela-se individualmente melhor em termos de comunicação, computação e armazenamento de chaves.

## 7.4 UM ESQUEMA DETERMINÍSTICO DE PRÉ-DISTRIBUIÇÃO DE CHAVES AOS PARES PARA REDES DE SENSORES MÓVEIS[8]

A gestão de chaves é fundamental para a segurança das redes de sensores móveis (MSN). Devido às caraterísticas das MSN, a gestão de chaves deve permitir o estabelecimento direto (sem intermediários) de chaves entre dois nós arbitrários. Aplicamos a teoria da conceção combinatória para pré-distribuir os polinómios de Biundo aos nós MSN. Esta abordagem é ainda combinada com a otimização da avaliação dos polinómios de Liu e Ning, aumentando a escalabilidade dos polinómios. Também resolve o problema de existência de conceção combinatória do esquema de pré-distribuição de chaves (KPS) de Compete e Yener sem diminuir a escalabilidade ou a resiliência da rede. A análise deste documento indica que este esquema tem uma série de propriedades interessantes, incluindo o estabelecimento direto de chaves em pares, o que permite a autenticação, a tolerância a capturas de nós, o aumento da escalabilidade e um custo computacional e de comunicação muito baixo.

## 7.5 ESQUEMAS DE PRÉ-DISTRIBUIÇÃO DE CHAVES ALEATÓRIAS PARA REDES DE SENSORES[9]

O estabelecimento de chaves em redes de sensores é um problema difícil porque os sistemas de criptografia de chave assimétrica não são adequados para utilização em nós sensores com recursos limitados e também porque os nós podem ser fisicamente comprometidos por um adversário. Três novos mecanismos para o estabelecimento de chaves usando a estrutura de pré-distribuição de um conjunto aleatório de chaves para cada nó. Primeiro, no esquema de chaves q-compostas, trocamos a improbabilidade de um ataque à rede em grande escala para reforçar significativamente a força da pré-distribuição aleatória de chaves contra ataques de menor escala. Em segundo lugar, no esquema de reforço multipercurso, mostramos como reforçar a segurança entre dois nós quaisquer, tirando partido da segurança de outras ligações. Por fim, apresentamos o esquema de chaves aleatórias em pares, que pré-serve perfeitamente o segredo do resto da rede quando qualquer nó é capturado, e também permite a autenticação nó a nó e a revogação baseada no quórum.

## 7.6 TÉCNICAS DE ENCAMINHAMENTO EM REDES DE SENSORES SEM FIOS - UM ESTUDO[10]

As redes de sensores sem fios (RSSF) são constituídas por pequenos nós com capacidades de deteção, computação e comunicação sem fios. Muitos protocolos de encaminhamento, de gestão da energia e de difusão de dados foram especificamente concebidos para as RSSF, em que a consciência da energia é uma questão essencial de conceção. No entanto, o foco tem sido dado aos protocolos de encaminhamento, que podem diferir consoante a aplicação e a arquitetura da rede. Este livro apresenta um levantamento das técnicas de encaminhamento mais avançadas nas RSSF. Em primeiro lugar, são apresentados os desafios de conceção dos protocolos de encaminhamento nas RSSF, seguidos de um levantamento exaustivo das diferentes técnicas de encaminhamento. Em geral, as técnicas de encaminhamento são classificadas em três categorias com base na estrutura de rede subjacente: encaminhamento plano, hierárquico e baseado na localização. Além disso, estes protocolos podem ser classificados em multipath-based, query-based, negotiation-based, QoS-based e coherent-based, consoante o funcionamento do protocolo. Estudamos os compromissos de conceção entre a poupança de energia e a sobrecarga de comunicação em cada paradigma de encaminhamento. Também destacamos as vantagens e os problemas de desempenho de cada técnica de encaminhamento.

## 7.7 SOBRE A OPTIMIZAÇÃO DO SISTEMA DE LOCALIZAÇÃO DE REDES DE SENSORES BASEADAS EM AGREGADOS [11]

O seguimento de alvos móveis utilizando redes de sensores sem fios (RSSF) de baixo custo exige não só uma boa precisão de seguimento, mas também a longevidade da rede. Os protocolos de seguimento baseados em clusters tiram partido do facto de apenas os sensores nas proximidades do alvo poderem contribuir para a deteção do alvo, enquanto os outros sensores devem dormir para poupar energia, o que proporciona um bom compromisso entre a eficiência energética e a precisão do seguimento. No entanto, devido à complexidade dos protocolos de localização baseados em clusters, é difícil quantificar a relação entre a eficiência energética e a precisão da localização. Neste artigo, é apresentado um método baseado em convolução para quantificar a relação entre os parâmetros dos clusters e as métricas de qualidade energética do sistema de seguimento, que fornece parâmetros óptimos de Pareto para otimizar conjuntamente a eficiência energética e a precisão do seguimento do sistema de seguimento de RSSF baseado em clusters. Os resultados apresentados são verificados em protocolos populares de seguimento baseados em clusters através de simulações extensivas, o que mostra a eficácia da estrutura de otimização.

## 7.8 ESQUEMA DE CIFRAGEM HÍBRIDO SEM CERTIFICADO BASEADO EM CRIPTOGRAFIA DE CURVA ELÍPTICA SEM EMPARELHAMENTO[12]

A signcriptação é um esquema que proporciona confidencialidade e autenticação, mantendo os custos baixos em comparação com a encriptação independente e a assinatura de mensagens. Desde que Zheng introduziu o conceito de signcriptação, foi apresentada uma variedade de esquemas. Dividimos os esquemas em duas formas de construir o esquema de signcriptação, como a signcriptação pública e a signcriptação híbrida. No esquema de cifragem pública, o processo de cifragem e assinatura é efectuado utilizando a operação de chave pública. No entanto, no esquema de signcriptação híbrida, apenas o processo de assinatura utiliza a operação de chave pública, enquanto a definição de chave simétrica é utilizada para a encriptação. Ou seja, podemos construir o esquema de signcriptação híbrido combinando dois métodos: (1) uma parte assimétrica, toma uma chave privada e uma chave pública como entrada e produz uma chave simétrica aleatória de tamanho adequado e, em seguida, executa um encapsulamento da chave, (2) a parte simétrica toma uma mensagem e uma chave simétrica como entrada e produz uma encriptação autenticada da mensagem. Assim, uma abordagem de signcriptação híbrida pode encapsular eficazmente novas chaves e transmitir dados de forma segura para várias aplicações, como as infra-estruturas de medição avançada (AMI) e as redes de sensores sem fios (RSSF). O esquema híbrido de signcriptação foi proposto e o seu modelo formal de segurança foi apresentado. No entanto, uma vez que estas abordagens se baseiam na PKI tradicional, utilizando um certificado de confiança da CA, requerem a gestão de certificados. Embora a criptografia de chave pública baseada na identidade (ID-PKC) tenha sido introduzida para eliminar a dependência de certificados explícitos, sofre de um problema de depósito de chaves porque o centro de geração de chaves (KGC) armazena as chaves privadas de todos os utilizadores. Para resolver estes inconvenientes, foi introduzida a criptografia de chave pública sem certificado (CL-PKC), que divide a chave privada do utilizador em duas partes: uma é uma chave privada parcial gerada pelo KGC e a outra é um valor secreto selecionado pelo utilizador. O CL-PKC consegue ultrapassar o problema do depósito de chaves porque o KGC não tem acesso ao valor secreto do utilizador. Só quando um utilizador válido detém a chave privada parcial e o valor secreto é que as operações criptográficas, como a desencriptação ou a assinatura digital baseadas na CL-PKC, podem ser realizadas.

## 7.9 GERENCIAMENTO DE CHAVES EM REDES DE SENSORES SEM FIO: A SURVEY [13]

A gestão de chaves tornou-se uma questão difícil na conceção e implantação de redes de sensores sem fios seguras. A gestão de chaves é um elemento criptográfico fundamental que serve de base a outros elementos de segurança. Basicamente, a gestão de chaves inclui dois aspectos: distribuição de chaves e revogação de chaves. A distribuição de chaves refere-se à tarefa de distribuir chaves secretas entre as partes comunicantes para proporcionar sigilo e autenticação. A revogação de chaves refere-se à tarefa de remover de forma segura chaves comprometidas. Ao revogar todas as chaves de um nó sensor comprometido, o nó pode ser removido da rede. Em comparação com a distribuição de chaves, a revogação de chaves tem recebido muito pouca atenção. Neste documento, discutimos vários métodos existentes para a revogação de chaves. Todas as aplicações utilizam um nó intermédio para enviar e receber dados ou podem enviar e receber dados diretamente. Os nós sensores enviam e recebem dados através de meios sem fios, pelo que os sinais também podem ser recebidos por outros nós. A natureza da difusão exige que os dados sejam enviados de forma segura para que nenhum nó não autorizado os receba. Esta secção está relacionada com a segurança das redes de sensores. A comunicação segura é necessária para transmitir dados de forma segura entre os nós sensores. A comunicação segura pode ser efectuada utilizando criptografia de chave pública ou criptografia de chave simétrica. A criptografia de chave pública não pode ser utilizada para os nós sensores devido à elevada necessidade de memória, ao elevado consumo de energia e à necessidade de computação. A criptografia de chave simétrica pode ser utilizada para configurar chaves de pares entre nós. A definição de objectivos de segurança para as redes de sensores dependerá de saber o que é necessário proteger. As redes de sensores partilham algumas das caraterísticas das redes ad hoc móveis, mas também acrescentam alguns desafios únicos. Os objectivos de segurança englobam tanto os das redes tradicionais como os objectivos adaptados aos condicionalismos únicos das redes de sensores.

## 7.10 UM ESTUDO SOBRE O MECANISMO DO PROTOCOLO DE GESTÃO DINÂMICA DE CHAVES NA WSN[14]

Hoje em dia, devido aos avanços nas comunicações sem fios, é possível conceber e desenvolver redes de sensores sem fios com menos custos, menor consumo de energia e elevada utilização. Foram implementadas muitas técnicas de protocolos de encaminhamento de redes de sensores sem fios baseadas em clusters . A maior parte deles tem pouca consideração pela proteção da comunicação, que é importante para garantir a segurança da rede. Neste artigo, implementamos um protocolo de mecanismo de gestão de chaves com certificado menos eficaz (CL-EKM) para a comunicação segura em RSSF dinâmicas úteis pela mobilidade dos nós. O CL-EKM suporta a renovação eficiente de chaves quando um nó sai ou entra num cluster e assegura o segredo de chaves para a frente e para trás nas RSSF. O protocolo é útil para a revogação eficiente de chaves para os nós comprometidos e minimiza o impacto do comprometimento de um nó na segurança de outras ligações de comunicação, como a consideração da rede. Uma análise de segurança do nosso esquema mostra que o nosso protocolo é eficaz na defesa contra vários ataques que ocorrem na rede. Desenvolvemos o CL-EKM no sistema operativo Contiki e simulamo-lo aceitando o simulador Cooja para avaliar o seu desempenho em termos de tempo, energia, comunicação e memória, respetivamente.

# CAPÍTULO 8

## ANÁLISE DO SISTEMA

### 8.1 ARQUITECTURA

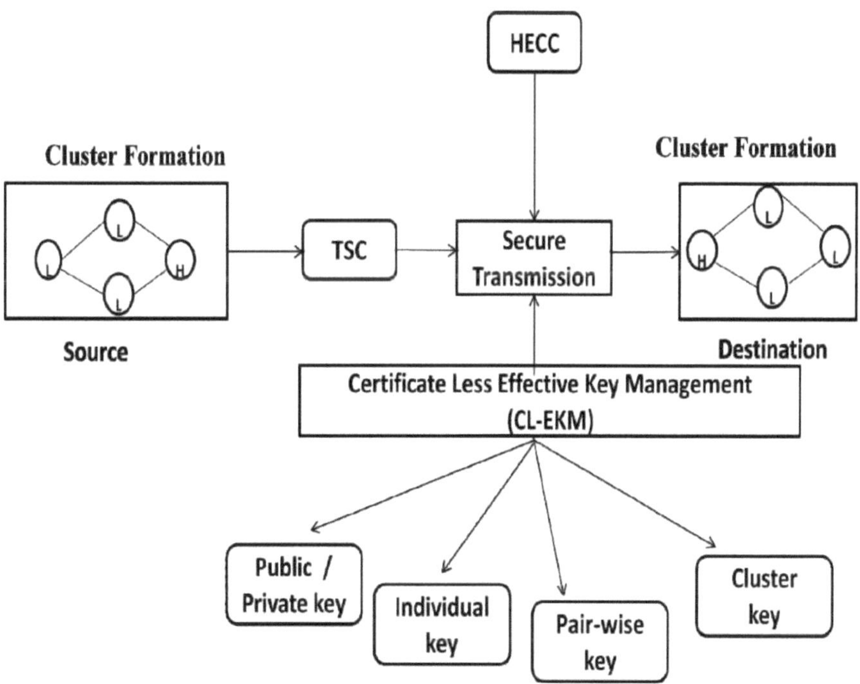


**Fig 8.1 Arquitetura do sistema**

TSC- Track sector clustering

HECC - criptografia de curva hiperelíptica

**EXPLICAÇÃO:**

O arquiteto do sistema estabelece a estrutura básica do sistema, definindo as caraterísticas essenciais da conceção e os elementos que fornecem o enquadramento. O sistema é a visão que os arquitectos têm da visão dos utilizadores.

Consiste em agrupamento de sectores de pista e criptografia de curva hiperelíptica. Utilização da gestão de chaves para fins de segurança. Consiste em quatro tipos de chave. São elas a chave privada, a chave individual, a chave de pares e a chave de agrupamento. Aqui, a transferência dos dados na formação de clusters.

**SISTEMA ACTUAL**

A implementação da criptografia de curva elíptica (ECC) demonstrou a viabilidade da aplicação da PKC às RSSF, um esquema de estabelecimento de chaves baseado na ECC para RSSF auto-organizadas. Os pontos fracos de segurança dos actuais esquemas baseados em ECC são o facto de estas abordagens serem vulneráveis à falsificação de mensagens, ao comprometimento de chaves e a ataques de chave conhecida. Além disso, estes esquemas baseados em ECC com certificados, quando aplicados diretamente a RSSF dinâmicas, sofrem com a sobrecarga de gestão de certificados de todos os nós sensores, pelo que não são uma aplicação prática para RSSF de grande escala.

**INCONVENIENTE DO SISTEMA**

- A implementação da criptografia de curva elíptica sofre de uma elevada sobrecarga de comunicação e requer um grande espaço de memória para armazenar chaves de pares partilhadas.

- Também não é escalável, não é resistente a compromissos e não suporta a mobilidade dos nós.

- Por conseguinte, a encriptação de chave simétrica não é adequada para RSSF dinâmicas.

- O CL-EKM consiste num alcance limitado de transmissão de dados e num atraso na entrega de pacotes

**SISTEMA PROPOSTO**

O novo Track-Setor Clustering (TSC) e a Hyper Elliptic Curve Cryptography (HECC) propostos proporcionam um melhor alcance de transmissão e uma comunicação segura. O esquema Track-Setor Clustering reduz a transmissão de dados redundantes através da minimização da distância entre o BS e os nós de cabeça do agrupamento. O protocolo de encaminhamento Power Aware foi utilizado para o encaminhamento de dados no TSC, o que reduz o atraso com um aumento do rácio de entrega de pacotes . Além disso, para o encaminhamento seguro, foi implementado o HECC, que pode aumentar a segurança com um tamanho de chave de 80 bits. O novo esquema de gestão de chaves HECC proposto pode diminuir o espaço de memória e o tempo de processamento do que o esquema de gestão de chaves existente.

**VANTAGENS:**

➢ No HECC, a gestão de chaves na rede também permite poupar energia e aumentar a conetividade.

➢ A transmissão de dados redundantes e a distância para a comunicação de informações entre os nós serão reduzidas pela disposição dos clusters em faixas e sectores.

➢ Como resultado desta técnica, a sobrecarga de comunicação total dentro da rede é reduzida.

**DESCRIÇÃO POR MÓDULO**

**Nomes de módulos:**

- Implantação de nós
- Sistema de gestão eficaz de chaves sem certificado (CL-EKM)
- Agrupamento de sectores de via
- Gestão de chaves em pares
- Formação de clusters
- Transmissão de dados utilizando HECC

**DESCRIÇÃO DO MÓDULO**

**• NDEDEPLOYMENT**

O Carrier Sense Multiple Access/Collision Detection (CSMA/CD) é um protocolo de controlo de acesso aos meios de comunicação (MAC). Define a forma como os dispositivos de rede respondem quando dois dispositivos tentam utilizar um canal de dados em simultâneo e se deparam com uma colisão de dados. O algoritmo da camada MAC proposto integra a simultaneidade com o CSMA para orientar as decisões de transmissão. O mapa de simultaneidade que codifica as interações entre diferentes ligações, ajudando assim os nós sensores a captar as oportunidades de transmissões simultâneas. O algoritmo de controlo da concorrência é utilizado para distribuir as decisões de transmissão.

## SISTEMA DE GESTÃO DE CHAVES ELECTIVAS SEM CERTIFICADO (CL-EKM)

Esquema CL-EKM que suporta o estabelecimento de quatro tipos de chaves.

**l. Chave pública/privada:**

Antes de o nó ser implementado, o BS gera o par de chaves públicas/privadas únicas e instala a chave no nó.

**2.1 chave individual:**

Cada nó partilha uma chave individual única com o BS.

**3. Chave de paridade:**

Cada nó partilha uma chave de par diferente com cada um dos seus nós vizinhos para a comunicação segura desses nós.

**4. Chave de agrupamento:**

Todos os nós do agrupamento partilham uma chave, designada por chave de agrupamento. É utilizada principalmente para garantir a segurança das mensagens de difusão num agrupamento.

### - AGRUPAMENTO POR SECTORES DE VIA

O esquema de agrupamento Track-Setor Clustering reduz a transmissão de dados redundantes através da minimização da distância entre a BS e os nós de cabeça do agrupamento. O protocolo de encaminhamento Power Aware foi utilizado para o encaminhamento de dados no TSC, o que reduz o atraso e aumenta a taxa de entrega de pacotes. Além disso, para o encaminhamento seguro, foi implementado o HECC, que pode aumentar a segurança com um tamanho de chave de 80 bits. O novo esquema de gestão de chaves HECC proposto pode diminuir o espaço de memória e o tempo de processamento do que o esquema de gestão de chaves existente.

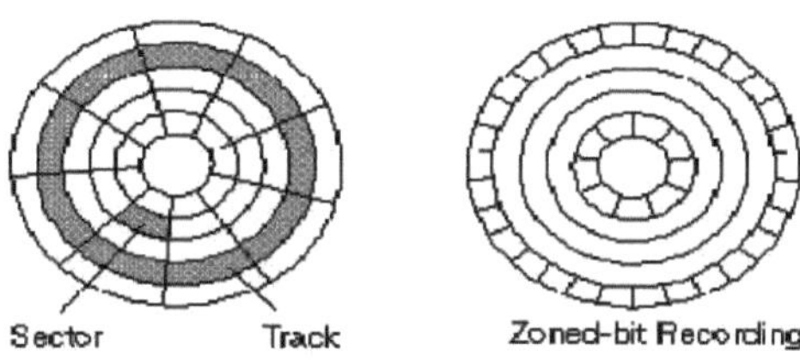


**Fig 8.2 Agrupamento de sectores de via**

## - GESTÃO DE CHAVES PARITÁRIAS

Para atualizar uma chave de encriptação em pares, dois nós que partilharam a chave em pares realizam um processo de estabelecimento de chave de encriptação em pares. Por outro lado, a chave mestra par a par não necessita de actualizações periódicas, porque não é utilizada diretamente para encriptar cada mensagem de sessão. Desde que os nós não estejam comprometidos, as chaves mestras de pares não podem ser expostas. No entanto, se uma chave mestra par a par for modificada ou precisar de ser actualizada de acordo com a política da BS, o processo de estabelecimento da chave mestra par a par deve ser executado

- **DADOS DE INFORMAÇÃO DE AGRUPAMENTO**

O cluster é criado através da junção de faixas e sectores. Na primeira ronda, os nós de cabeça do agrupamento são selecionados com base na sua distância, bem como no nível de potência dos nós sensores. O cálculo da distância entre o CH e o CH do sector adjacente é descrito durante a configuração do sector com a fase de seleção do nó principal. O nível de potência é calculado com base no protocolo de encaminhamento Power Aware Routing Protocol (PARP) proposto. Existem alguns nós robustos (CH) na rede que servem de espinha dorsal para o encaminhamento nas RSSF. Estes nós robustos podem calcular a potência de extremo a extremo entre eles e outros nós robustos. Se o nó de origem (S) quiser enviar dados para o destino (D), verifica o nó robusto que está mais próximo do destino. Em seguida, é calculada a potência mínima entre S e o nó robusto. Se a potência mínima for superior à potência requerida, a rota não pode ser estabelecida. Se o nó de origem não for um nó robusto, verifica o nó robusto que está mais próximo e encaminha os dados ao longo da rota.

- **TRANSMISSÃO COM HECC**

Todos os nós membros transmitem os dados detectados a um nó membro de um salto nos seus clusters relevantes. Antes de transmitir ao nó de encaminhamento vizinho, o nó sensor encripta os dados utilizando HECC. O algoritmo de encriptação é o seguinte

Dados encriptados: Dm +-- {KA' Ed +P A}; Ed é o ponto de mensagem. Dm são os dados encriptados.

O nó chefe do agrupamento em cada agrupamento combina os dados e transmite-os ao nó chefe do agrupamento de outro agrupamento de nível inferior. Os dados são recolhidos de forma multi-hop. Os nós chefes de agrupamento no nível 2 transmitem os dados aos nós chefes de agrupamento mais próximos no nível 1 e, por fim, ao BS. No lado do recetor, os dados encriptados Dm podem ser desencriptados extraindo a harmonização anterior 'KA' dos dados encriptados e depois multiplicando-a pela sua chave secreta/privada 'NB', além de retirar o resultado final da harmonização subsequente. Isto pode ser escrito da seguinte forma:

DE = Ed+ I1PB - NB (K) = Ed

# CAPÍTULO 9

# ANÁLISE DE RESULTADOS E CONCLUSÃO PARA A CUUSTERIZAÇÃO

## CAPTURA DE ECRÃ

## CONFIGURAÇÃO DO CAMINHO

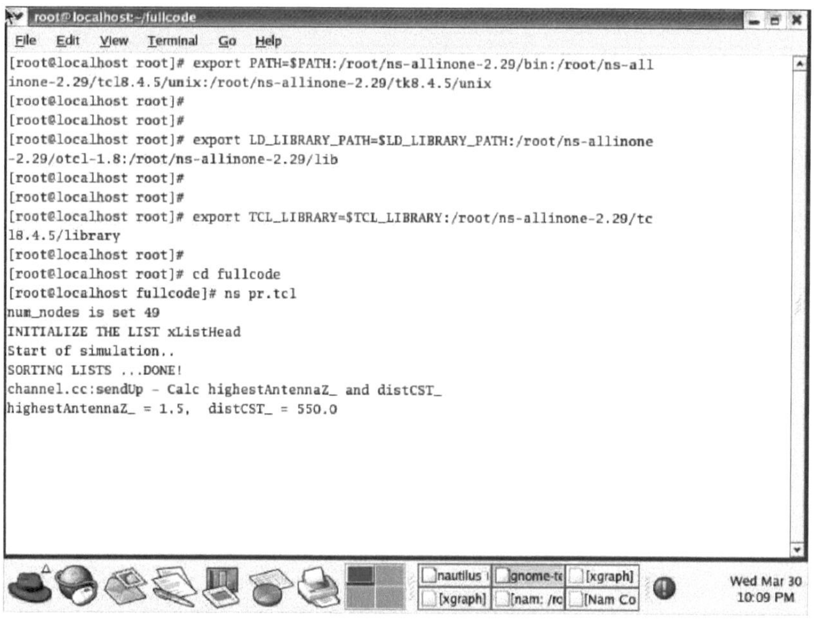


**Fig 9.1 Ecrã de saída para definir a via**

## CRIAÇÃO DE NÓS

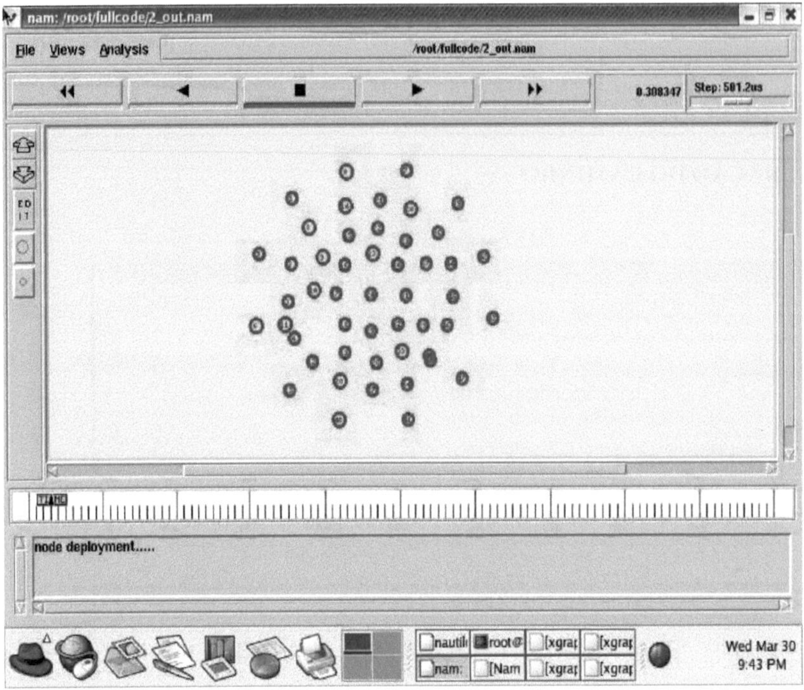


**Fig 9.2 Criação de nós**

Criar uma topologia de rede que contenha o número de nós e também criar um nó para a formação de cabeças de cluster.

## CABEÇA DE CLUSTER E FORMAÇÃO

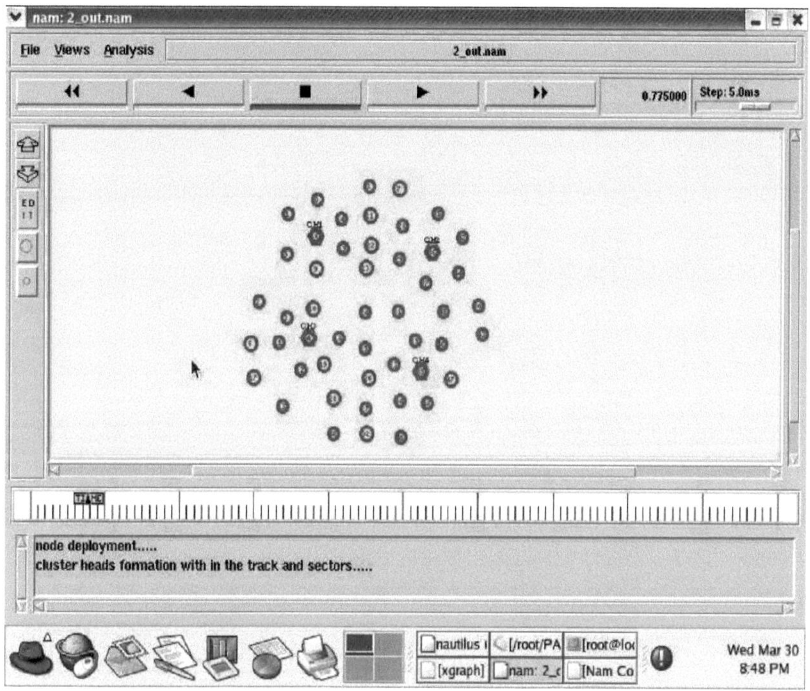


**Fig 9.3 Formação de cabeças de cluster**

Criação de uma cabeça de cluster para a transmissão de dados: aqui são criadas quatro cabeças de cluster.

## DISTRIBUIÇÃO DE CHAVES AOS PARES PARA CADA CHEFE DE AGRUPAMENTO

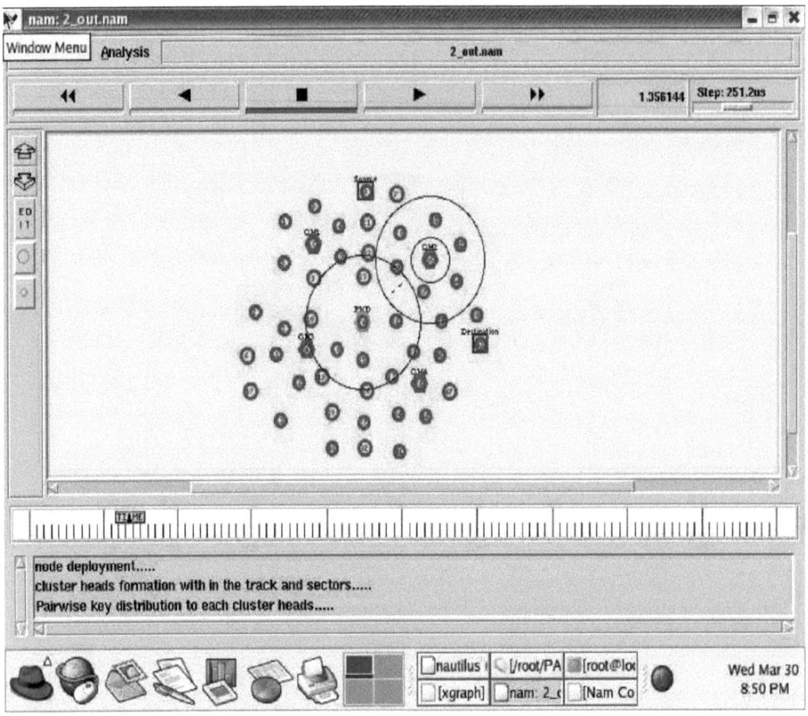


**Fig 9.4 Distribuição de chaves por pares a partir de cada cabeça de agrupamento**

Aqui os dados são transferidos de forma segura utilizando PKD (Pairwise Key distribution). PKD transfere a chave para todos os cluster head para uma transmissão de dados segura.

## DISTRIBUIÇÃO DE CHAVES DO CHEFE DE AGRUPAMENTO PARA O SUBNÓ

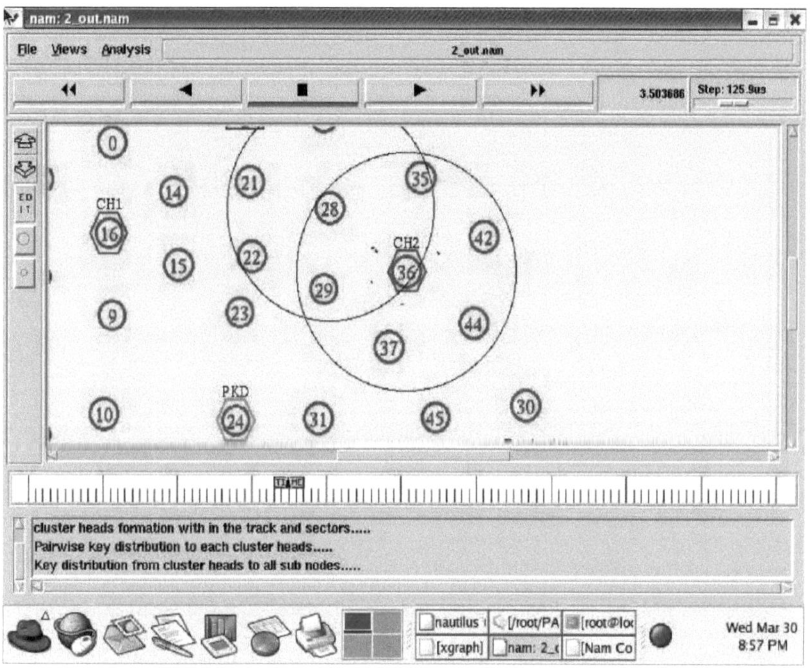


**Fig 9.5 Distribuição de chaves do chefe de agrupamento para o subnó**

Todas as cabeças de cluster transferem a chave enviada pelo PKD para todos os seus sub-nós para uma transmissão segura.

## TRANSMISSÃO DE DADOS DA ORIGEM PARA O DESTINO

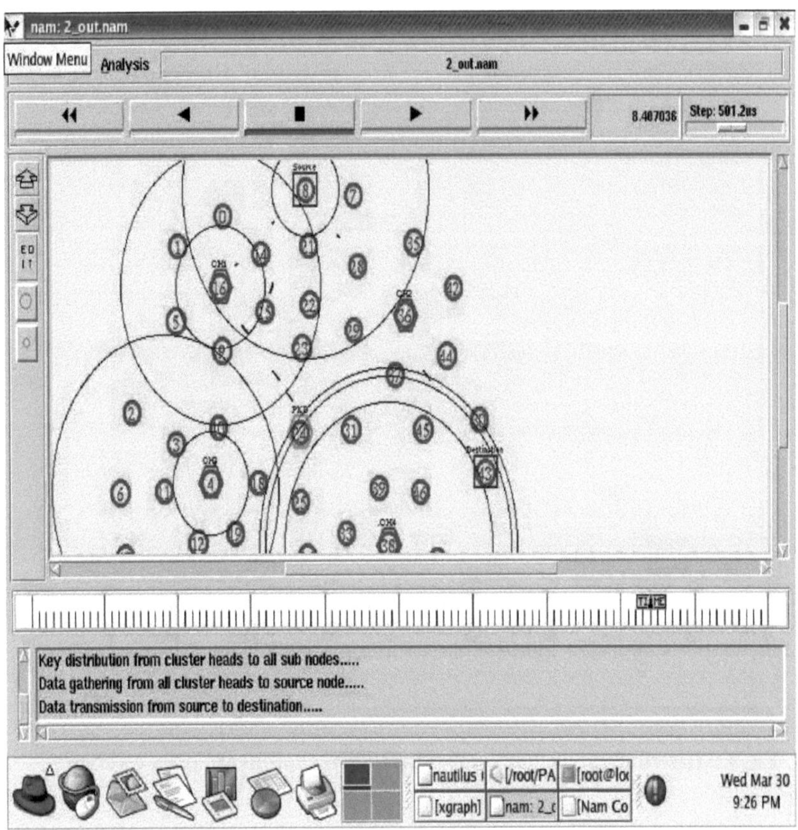


**Fig 9.6 Transmissão de dados da origem para o destino**

Aqui os dados são enviados para o destino a partir da fonte de forma segura, utilizando uma chave.

## GRÁFICO

## CONSUMO DE ENERGIA

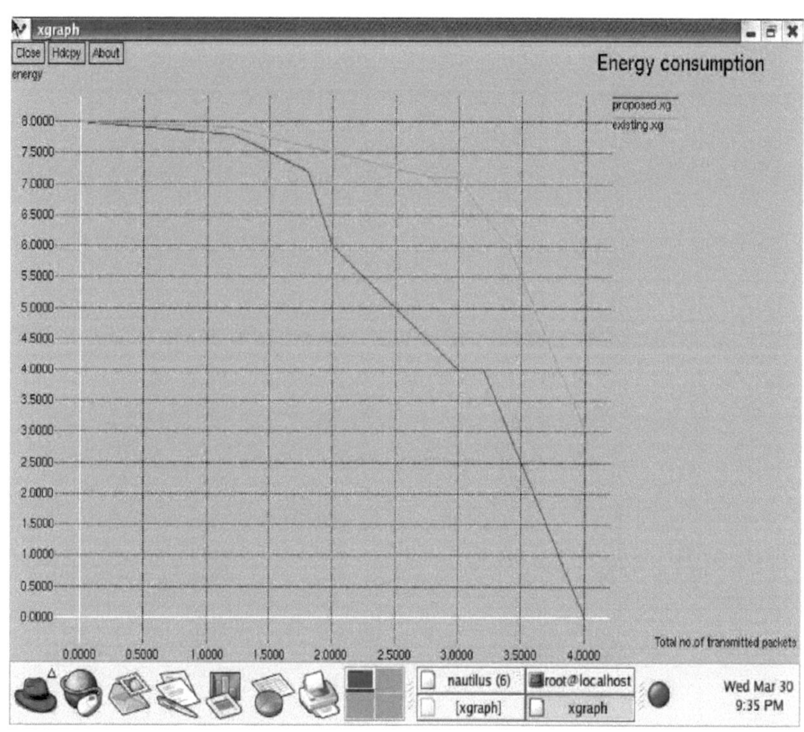


Fig 9.7.1 Consumo de energia

# DISTRIBUIÇÃO DE CHAVES DE ENCRIPTAÇÃO AOS PARES

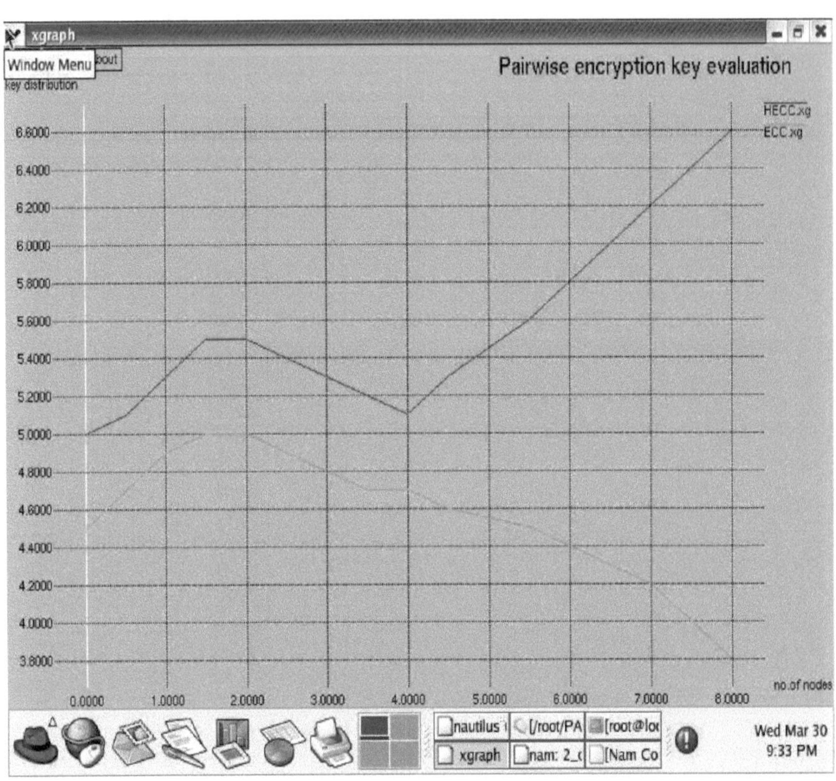


**Fig 9.7.2 Distribuição da chave de encriptação em pares**

## CONCLUSÃO

O novo Track-Setor Clustering (TSC) e a Hyper Elliptic Curve Cryptography (HECC) propostos proporcionam um melhor alcance de transmissão e uma comunicação segura. O esquema Track-Setor Clustering reduz a transmissão de dados redundantes através da minimização da distância entre o BS e os nós de cabeça do agrupamento. O protocolo de encaminhamento Power Aware foi utilizado para o encaminhamento de dados no TSC, o que reduz o atraso e aumenta a taxa de entrega de pacotes. É proposto um esquema hierárquico de gestão de chaves utilizando o Track Setor Clustering para redes de sensores sem fios através da implementação da nova criptografia de curvas hiperelípticas. A distribuição de faixas e sectores ajuda a diminuir a utilização de energia através da minimização da transmissão desnecessária de dados.

## REFERÊNCIAS


1. Shalli Rani, JyoteeshMalhotra, Rajneesh Talwar, "EEICCP-Energy efficient protocol for wireless sensor networks," *Wireless Sensor Network,* 2013, 5, Pages: 127-136.
2. Li. Q, Yang .M, Wang . H, Jiang . Y, e Zeng . J., "A finite queue modelanalysis of PMRC-based wireless sensor networks," *Actas da Conferência Internacional de 2008 sobre redes sem fios, ICWN 2008, ,* pp. 30-35, julho de 2008.
3. AfshinFallahi, EkramHossian, Attahiru, Alfa .S, "Qos and energy trade off indistributed energy-limited mesh/relay networks: a queuing analysis," *IEEEtransactions on parallel and distributed systems, vol. 17, no. 6, junho de 2006.*
4. Li. M, Li .Z, e. Vasilakos . A. V, "A survey on topology control in wireless sensor networks: taxonomy, comparative study, and open issues," *Proceeding of the IEEE,* 2013, Vol. 101, No. 12, pp. 2538-2557.
5. Bachir .M, Dohler .M, Watteyne .T, e Leung .K .K, "MAC essentials forwireless sensor networks," *IEEE Communications Surveys &Tutorials,* 2010, Vol. 12, No. 2, pp. 222-248
6. Jing Deng, Pramod K.Varshney, Wenliang Du, Yunghrinag S.Han, "A Key Predistribution Scheme for Sensor Network Using Deployment Knowledge" Department of Electrical Engineering and Computer Science, Syracuse University, Vol.3 March 2004.
7. Alagheband .M.R, and Aref.M.R "Dynamic and Secure Key Management Model for Hierarchical Heterogeneous Sensor Network", Department of Electrical Engineering,Science and Research Branch Islamic Azad University,Tehran,Iran Vol.6 December-2011.
8 Baldus.H, Sanchez.D.S "A Deterministic Pairwise Key Distribution Scheme for Mobile Sensor Networks", First International Conference on Security and Privacy for Emerging Areas in communication networks, Vol.2 September 2005, page 277-288.
9. Chan.H, Perrig.A, and Song.D, "Random key predistribution schemes for sensor networks", in Proc. IEEE Symp. SP, maio de 2003, pp.197-213
10. Ahmed E. Kamal, Jamal N. Al-Karaki Jamal N. Al-Karak "Routing Techniques in Wireless Sensor Networks: A Survey," IEEE Wireless Communications, vol.4,no. 9, pp. 236-242, dezembro de 2004.
11. Dazhong Zhang, Qianchuan Zhao, Xiaohung GunaOn "Optimisation of Cluster Based Sensor Network Tracking System", Department of Automation Tsinghuer University Vol.2 December 2004.
12. Elisa Butino, and Seung-Hyun Seo "Elliptical Curve Cryptography Based Certificateless Hybrid Signcryption Scheme without Pairing" Center for Education and Research information Assurance and Security, Purdue University , Department of Computer Science Vol.2 October 2013.
13. Nimish Chunilal Chaudhari. M. S "Key Management in Wireless sensor Network A Survey", Revista Internacional de Aplicação ou Inovação em Engenharia e Gestão, Vol.2, fevereiro de 2013.
14. Dattatray J Narale,Vaishali Baviskar "A Survey on Dynamic Key Management Protocol Mechanism in WSN", International Journal of Innovative Research in Computer and Communication Engineering Vol.3, November 2015.

Printed by Books on Demand GmbH, Norderstedt / Germany